Katzenkinder

Brigitte Eilert-Overbeck

Katzenkinder

Aufzucht · Pflege · Erziehung

FALKEN

Inhaltsverzeichnis

Wichtiges auf einen Blick

S. 10   Checkliste: Voraussetzungen für die Katzenzucht
S. 16   Tabelle: Die Katzenschwangerschaft
S. 33   Checkliste: Eignen Sie sich als Katzenhalter?
S. 36   Checkliste: Kriterien für einen seriösen Züchter
S. 43   Checkliste: Grundausstattung
S. 46   Übersicht: Giftige Pflanzen
S. 67   Übersicht: Kalorienbedarf pro kg Körpergewicht
S. 73   Checkliste: Kriterien für eine gute Tierarztpraxis
S. 79   Tabelle: Die Infektionskrankheiten der Katze
S. 81   Impfplan

Vorwort

Kobolde auf Samtpfoten mit quirligem Temperament und babyblauen Unschuldsaugen: Katzenkinder. Immer zu Streichen aufgelegt. Ob sie nun Beutespiele mit der Puderquaste veranstalten oder Kletterwettbewerbe in der Gardine: Sie sind einfach unwiderstehlich. Wie kleine Kinder oder Robbenbabys. Ein bißchen liegt das am „Kindchenschema".

Verhaltensforscher sehen im runden Köpfchen, in den großen Augen und der Mischung aus Anmut und Tolpatschigkeit Schlüsselreize, die bei erwachsenen Individuen den Brutpflegetrieb auslösen – alles im Interesse der Arterhaltung. Naja, Tatsache ist: Der Anblick einer Katzenkinderstube rührt fast jeden, und dann möchte man doch zu gerne ...

Halt! Kleine Katzen werden groß. Als erwachsene Tiere sind sie zwar nicht weniger schön, aber die Sache mit dem Kindchenschema funktioniert nicht mehr. Für manche verlieren sie dann ihren Zauber und kommen nur zu leicht auf den Hund.

Etwa 5,5 Millionen Katzen leben in Deutschland in menschlicher Obhut.

Ungezählt bleiben dabei jene, die nicht in die berühmten „guten Hände" gekommen sind. Unter ihnen gibt es Abertausende,

◆ die in Tierasylen vegetieren
◆ die ihr Leben als Streuner fristen
◆ die als Versuchstiere „verbraucht" werden.

Sogar in die Hunderttausende gehen die Zahlen bei Katzen,

◆ die als „Wilderer" von Jägern abgeschossen werden (offiziell sind es 180 000 pro Jahr, Tierschutzorganisationen sprechen von einer sehr viel höheren Dunkelziffer) und
◆ die unter Autorädern ihr Leben lassen.

Manchmal sind das geliebte Tiere, die schmerzlich vermißt werden, oft aber solche, auf die niemand so recht acht gibt. All diese unglücklichen Geschöpfe waren einmal unwiderstehliche Katzenbabys ...

Es ist aber leider so: Das Elend der Katzen hat direkt mit ihrer Fruchtbarkeit zu tun. Ein Rechenexempel: Ein einziges Katzenpaar kann es innerhalb von 10 Jahren auf mehrere Millionen Nachkommen bringen: bei zwei Würfen pro Jahr und einer Überlebensrate von noch nicht einmal 6 Jungen.

Katzenfreunde müssen deshalb bei aller Begeisterung vernünftig bleiben und einsehen: Kleine Katzen haben größere Chancen auf ein „katzenwürdiges Dasein", wenn es nicht gar so viele von ihnen gibt. Umfassende Geburtenkontrolle ist der einzig vernünftige Weg zu diesem Ziel.

Ein weiter Weg …

Natürlich tun Sie ein gutes Werk, wenn Sie einem Kätzchen ein Dach überm Kopf bieten. Vorausgesetzt, Sie haben alles gut überlegt.

Denn ein „Ja" ist bindend für eine (hoffentlich) lange Zeit!

Unternehmen Katzenkinder

Unverhofft kommt oft

Vorausgesetzt, Sie sind bereits
Katzenbesitzer, so kommen Sie möglicherweise schneller an junge Katzen, als Ihnen lieb ist. Wie wir zum
Beispiel. Wir hatten uns seinerzeit für
ein bereits ausgewachsenes Tier entschieden: Musche, knapp 2 Jahre alt,
übrig geblieben beim Umzug „ihrer"
Menschen. Ein bißchen traurig schien
sie, aber das gab sich bald. Sie lebte
sich schnell ein, zeigte sich schmusig

und anhänglich – und wurde von Tag
zu Tag runder. Erst freuten wir uns,
daß sie was auf die Rippen kriegte,
dann wurde es uns unheimlich:
Soviel futterte Musche doch gar
nicht… Als wir endlich die ver-
größerten Zitzen bemerkten, fiel es
uns wie Schuppen von den Augen:
Musche wurde Mama!

Wichtig: Wer eine geschlechtsreife,
sexuell aktive Katze frei laufen läßt
oder fruchtbar belassene Katzen

8

unterschiedlichen Geschlechts hält, kann sich auf Nachwuchs gefaßt machen. Ganz gleich, was für einen Verwandtschaftsgrad die Tiere haben: Mutter und Sohn, Bruder und Schwester, Vater und Tochter – Katzen-Sex kennt keine Verwandten.

Wer glaubt, seine Katze in der fraglichen Zeit unter Verschluß halten zu können, macht sich Illusionen (siehe auch Seite 85). Ein Augenblick der Unachtsamkeit genügt, und die Natur nimmt ihren Lauf ... A propos Unachtsamkeit: Manch ein Kater hat sich erst in dem Moment als Katze entpuppt, als „er" seinen Haltern einen Wurf allerliebster Kätzchen präsentierte ... Soviel zu den Möglichkeiten, wie man eher unfreiwillig an junge Katzen kommt. Es bleibt nur zu hoffen, daß Ihnen so etwas nicht passiert. Da es, wie eingangs betont, bereits viel zu viele Katzen gibt, sollten Sie nicht leichtfertig dazu beitragen, daß sich ihre Anzahl noch weiter erhöht. Im übrigen wird keine Katze neurotisch, wenn ihr Mutterfreuden versagt bleiben, und keine wird krank, wenn der Tierarzt sie unfruchtbar macht, bevor sie Junge in die Welt setzen kann. Aber viel Katzenleid wird so verhindert ...

Die geplante Katzenhochzeit

Falls Sie trotz aller Einwände Katzennachwuchs planen, sollten Sie aber unbedingt die nachfolgenden Voraussetzungen erfüllen (siehe Checkliste S. 10), bevor Sie Ihr Vorhaben in die Tat umsetzen.

Wichtig: Eine eben erst geschlechtsreif gewordene Katze ist weder physisch noch psychisch reif für eine Mutterschaft. Komplikationen bei der Geburt drohen. Außerdem wissen diese allzu jungen Mütter nur zu oft nicht, was sie mit ihrem Nachwuchs anfangen sollen.

Züchten mit der Rassekatze

Wenn Sie mit Ihrer edlen Rassekatze züchten wollen und auch der Katzennachwuchs einen Stammbaum erhalten, d.h. anerkannt reinrassig werden soll, dann müssen Sie sich vorab genau über die nötigen Formalitäten und Auflagen informieren. So stellen die Edelkatzen-Züchterverbände z.B. folgende Anforderungen an eine Zuchtkatze:
◆ nachgewiesene Zuchtreife; nach den Bestimmungen des 1. Deutschen Edelkatzenzüchterverbandes (des einzigen deutschen Mitgliedes des Euro-

päischen Zuchtverbandes Fédération Internationale Féline, FIFe) muß das Tier mindestens 1 Jahr alt sein.

◆ Tests auf Leukose und FiP (Feline infektiöse Peritonitis, ansteckende Bauchwassersucht, s. S. 78 ff.) müssen ein negatives Ergebnis erbringen, und die Impfung gegen diese tödlichen Infektionskrankheiten ist nachzuweisen.

◆ Die Katze muß die üblichen Schutzimpfungen (gegen Katzenseuche, Katzenschnupfen, Chlamydien) erhalten haben.

Die Katersuche
Auch bei der Suche nach dem geeigneten Deckkater kann Ihnen sicherlich Ihr Züchter oder ein Zuchtverband mit Rat und Tat zur Seite stehen.

Wichtig: Nur wenn der Katzenvater zu den zugelassenen Deckkatern gehört, die im Deckkater-Verzeichnis der Edelkatzen-Züchterverbände registriert sind, bekommt der Nachwuchs auch seine „Papiere".

Checkliste   **Voraussetzungen für die Katzenzucht**

◆ *Sie haben bereits Interessenten für den geplanten Katzennachwuchs*

◆ *Sie sind bereit, übriggebliebene Katzenkinder, die Sie nicht vermitteln konnten, zu behalten*

◆ *Ihre Katze ist gesund und frei von Parasiten*

◆ *Sie ist ausgewachsen und hat die erste Rolligkeit hinter sich*

Deckkater – hier prächtige Perser – sollten nicht nur nach Schönheit ausgewählt werden

Weitere Fachleute, deren Rat einzuholen sich auf jeden Fall lohnt, sind die Genetiker der Zuchtämter und Züchter, die als Bewertungsrichter auf Katzenausstellungen bereits Erfahrungen gesammelt haben.

Daß der künftige Katzenvater ebenso gesund sein muß wie Ihre Katze, versteht sich von selbst. Daß er vom Wesen her stabil und angenehm sein sollte, ebenfalls. Damit der Nachwuchs dem betreffenden Rasse-Standard möglichst nahe kommt, gilt es aber auch, auf Farbe, Zeichnung, Körperbau und Augenfarbe sowie auf alle anderen vererbbaren Merkmale zu achten.

Wenn Sie schließlich mit fachmännischer Hilfe den richtigen Kater gefunden haben, kann das „Unternehmen Katzenkinder" anlaufen, vorausgesetzt, Sie sind bereit, sich die Katzenhochzeit etwas kosten zu lassen: Mit Deckgebühren von zwei- bis dreihundert Mark müssen Sie rechnen.

Unser Tip

Erkundigen Sie sich bei einem seriösen Zuchtverband oder dem Züchter, von dem Ihre Katze stammt, was Sie bei der Katzenhochzeit alles beachten müssen.

Geplanter Nachwuchs bei der „gewöhnlichen" Hauskatze

Hier entfallen natürlich sämtliche Vorgaben von seiten eines Zuchtverbandes. Trotzdem sollten Sie bei der Katerwahl darauf achten, daß es sich um ein gut gepflegtes und gesundes Tier mit freundlichem Wesen handelt. Da verantwortungsbewußte Katzenbesitzer ihre geschlechtsreifen Tiere kastrieren lassen (gottseidank!), dürfte die Suche nach einem geeigneten Katzenvater vielleicht schwieriger werden, als Sie es erwarten.

Wenn Sie Ihrer Katze die Partnerwahl ganz allein überlassen, müssen Sie sich auf Überraschungen in Aussehen und Charakter gefaßt machen: Der Kater hat in puncto Vererbung ein gewichtiges Wort mitzureden – und manchmal sind es auch gleich mehrere Katzenväter (s. auch S. 13).

Wichtig: Informieren Sie sich über den Gesundheitszustand der Kater im Umkreis, wenn Sie Ihre Katze frei laufen lassen: Das gefürchtete „Katzen-Aids" (FIV – Felines Immunschwäche-Virus) wird in erster Linie durch Bisse unkastrierter streunender Kater übertragen. Beißereien können auch beim kätzischen Liebesspiel vorkommen. Gegen FIV gibt es leider noch keine Impfung.

Der Hochzeitstag

Wenn der gewünschte Katzenvater feststeht, nehmen Sie Verbindung zum Katzenbesitzer auf, sobald Ihre Katze die ersten Anzeichen von Rolligkeit (s. auch S. 82 ff.) zeigt, und bringen Sie das Tier auf dem Höhepunkt der Brunst – meist am dritten Tag der Rolligkeit – dorthin. In Züchterkreisen verfährt man so: Die Katze wird im verschlossenen Transportkorb zum Kater ins „Katerzimmer" (einem weitgehend leeren Raum ohne Versteck- und Fluchtmöglichkeiten) gebracht.

Erst, wenn sie seine Annäherungsversuche nicht

mehr mit wütendem Gefauche ablehnt, wird der Korb geöffnet. 2 bis 3 Tage sollte die Katze beim Kater bleiben, dann ist der Erfolg am wahrscheinlichsten. Es kann allerdings auch passieren, daß Ihre Katze ein paar Wochen später erneut rollig wird; was bedeutet, daß sie nicht aufgenommen hat, also nicht schwanger ist. Vielfach wird der Katzenbesitzer in einem solchen Fall von sich aus einen neuen Decktermin anbieten – verpflichtet ist er dazu nicht. Übrigens – selbst wenn alles vorzüglich klappt, gibt es Krallenhiebe, Gekreisch und durchdringende Gerüche. Das alles gehört bei einer Katzenhochzeit nun mal dazu.

Zudem endet die Rolligkeit nicht abrupt mit der „Katzenhochzeit", sondern sie klingt erst nach einigen Tagen allmählich aus. Weil bei Katzen der Eisprung durch den Deckakt ausgelöst wird, können während dieser Zeit auch noch andere Kater Kätzchen zeugen.

Wichtig: Für Würfe mit mehr als einem Vater gibt es die begehrten Ahnentafeln vom Zuchtverband leider nicht. Deshalb gilt besonders für Rassekatzenbesitzer: Halten Sie Ihre Katze bis zum Ende der Rolligkeit gut unter Verschluß!

Unser Tip

Machen Sie sich das Züchter-Verfahren zunutze, d. h., bringen Sie die Katze zum Kater (nicht umgekehrt), und machen Sie beide in einem weitgehend unmöblierten abgeschlossenen Raum miteinander bekannt (s. oben). Alles andere führt zu Chaos, Krach und Scherben: „Polterabend" ohne Hochzeit. Der Grund: Im eigenen Heim hat die eben noch liebesbereite Katze nur noch Revierverteidigung im Sinn: in einer fremden Umgebung mit Versteckmöglichkeiten ist ihr jeder Winkel zum Verkriechen recht.

Die Trächtigkeit

Eine Katzenschwangerschaft dauert im Durchschnitt 63 Tage (also 9 Wochen). Abweichungen von bis zu 7 Tagen nach oben und nach unten sind möglich. Wenn Ihre Katze also Hochzeit gehalten hat, die Rolligkeit langsam ausgeklungen ist, wüßten Sie jetzt sicher gern: Ist sie nun schwanger oder nicht? Schließlich haben werdende (Katzen-)Mütter besondere Bedürfnisse. Nach wie vielen Wochen Sie erste Anzeichen für ihre Schwangerschaft feststellen können, wie diese verläuft und was gegebenenfalls zu tun ist, zeigt die Tabelle auf Seite 16/17.

Die ungewissen ersten Wochen

Wie die Tabelle auf S. 16 zeigt, werden Sie in den ersten 3 bis 4 Wochen von den „anderen Umständen" kaum etwas bemerken. Falls Sie mit dem Gedanken an eine Schwangerschaftsuntersuchung spielen: Weder die Ultraschall-Methode noch das Röntgen (erst ab 50. Tag der Schwangerschaft sind die winzigen Knochen im Röntgenbild zu sehen) geben zuverlässig Auskunft über die Anzahl der zu erwartenden Katzenbabys. Im Durchschnitt bringt eine Katze mit einem Wurf 3 bis 5 Junge zur Welt. Die genaue Anzahl ist erst am Tag der Geburt zweifelsfrei festzustellen. Deshalb können Sie ihr den Besuch beim Tierarzt getrost ersparen – wie Sie ihr ohnehin jede Art von Streß ersparen sollten.

Wichtig: Vorsicht ist bei einer (wahrscheinlich) trächtigen Katze mit Medikamenten geboten und mit jeder Art von Chemie (z.B. Antifloh-, Desinfektionssprays etc.). Beides kann bei den Ungeborenen zu Mißbildun-

gen führen. Im Zweifelsfall muß der Tierarzt entscheiden.

Futtern für viele?

Wenn bis zu 4 Wochen nach dem Decktermin keine erneute Rolligkeit aufgetreten ist, hat es wohl „geklappt". Zeit, sich mit den leiblichen Bedürfnissen der werdenden Mutter zu beschäftigen, denn mit fortschreitender Schwangerschaft wächst auch der Appetit. Manche Katzen verputzen im Laufe der Zeit mehr als das Doppelte der üblichen Menge. Das macht leider fett statt fit. Deshalb:

Bei der hochschwangeren Katze sollten Sie die Tagesration auf mehrere kleine Mahlzeiten verteilen. Magen- und Darmtrakt werden durch die wachsenden Embryonen nämlich zunehmend beengt

14

◆ Nahrungsangebot bis zum Ende der Schwangerschaft um etwa 50% erhöhen, nur in Ausnahmefällen um das Doppelte (Obergrenze!)
◆ auf hochwertiges Eiweiß (Fleisch, Fisch, Milchprodukte wie Quark und Joghurt, gutes Fertigfutter) achten
◆ zusätzliche Vitamin- und Mineralstoffgaben mit dem Tierarzt absprechen. Besonders wichtig: Vitamin B (für die Darmflora, z. B. in Hefeflocken) und Kalkpräparate (für die Knochenbildung)
◆ Verstopfung vermeiden! Trockenfutter höchstens in kleinen Mengen als Leckerbissen geben. Bei akuten Schwierigkeiten hilft Paraffinöl (unters Futter gemischt). Auch sparsame Gaben von Butter oder Sahne können die Verdauung positiv beeinflussen, genau wie die berühmte Ölsardine ab und an ...

Unser Tip

Frische Luft tut der werdenden Mama gut (und wenn's – bei Wohnungskatzen – der gesicherte Balkon ist). Ein faules Tier dürfen Sie ruhig zur Bewegung animieren, aber bitte nicht mehr zu großen Sprüngen.

Das richtige Wochenbett

Sobald die Katze beginnt, nach einem „Nest" zu suchen, ist es an der Zeit, die Wurfkiste vorzubereiten. Ob Sie eine geräumige Kiste oder einen stabilen Karton nehmen, ist gleichgültig. Hauptsache, die Katze findet ausgestreckt Platz darin und kann sich während der Geburt anlehnen und abstemmen. Das Lager polstern Sie am besten folgendermaßen aus:
◆ mit einem Schaumstoffkissen mit waschbarem Bezug,
◆ darüber eine dicke Lage Zeitungspapier oder Zellstoff,
◆ zum Abschluß ein sauberes, waschbares Tuch.

Wichtig: Nehmen Sie keine Frottierhandtücher oder Ähnliches: Die noch nicht einziehbaren Krällchen der Neugeborenen verfangen sich in den Schlingen des Stoffs.

Am besten, Sie suchen zusammen mit Ihrer Katze den geeigneten Platz für das „Wochenbett" aus und gewöhnen sie daran, indem Sie das Tier immer wieder hinführen. Der ideale Platz ist ruhig, zugfrei und dämmrig. Unsere Katze Musche freilich zog es vor, ihre Jungen unterm Bett zur Welt zu bringen, hatte aber nichts gegen eine spätere Umquartierung.

Die Katzenschwangerschaft

Zeitraum	Vorgänge im Körperinnern	sichtbare Anzeichen	Empfehlungen
1. Woche	Embryonen wandern in die Gebärmutterhörner	—	—
2. Woche	Einnistung der Embryonen in die Gebärmutterschleimhaut	—	—
3. Woche	Fruchtblasen erstmals per Ultraschall nachweisbar	keine, eventuell gelegentliches Erbrechen	Untersuchung nur für Züchter sinnvoll
4. Woche	Embryonen per Ultraschall nachweisbar, gegen Ende auch für den Tierarzt tastbar. Die Kleinen verfügen bereits über Tastsinn	Zitzen beginnen sich rosa zu färben	Keine eigenhändigen Tastversuche, Abortgefahr! Futter mit Kalk- und Vitamingaben anreichern (wegen Dosierung Tierarzt fragen!)
5. Woche	Herzschlag der Föten nachweisbar	Katze wird runder und schwerfälliger in ihren Bewegungen. Ihr Appetit und ihr Gewicht nehmen zu	Futtermenge auf mehrere Mahlzeiten verteilen, evtl. leicht erhöhen. Beliebte „Hochsitze"leichter zugänglich machen, damit riskante Sprünge unterbleiben

16

Die Katzenschwangerschaft

Zeitraum	Vorgänge im Körperinnern	sichtbare Anzeichen	Empfehlungen
6. Woche	Föten werden lebhafter, ihre Bewegungen sind durch die Bauchdecke tastbar	Katze beginnt mit der Suche nach geeignetem Wurflager und zeigt gesteigerte Anhänglichkeit (enger Kontakt vorausgesetzt)	Wurflager vorbereiten und der Katze anbieten
7. Woche	Bei den Föten bilden sich Ansätze zum „Stellreflex" aus (der Fähigkeit, auf die Füße zu fallen)	Bauernhofkatzen, aber auch andere Freiläufer, verschwinden häufig von der Bildfläche und tauchen erst mit den Kleinen im Gefolge wieder auf	Katze an vorbereitetes Wurflager gewöhnen. Freilaufende Katzen jetzt lieber in der Wohnung halten
8. Woche	(Kritische Phase. Frühgeburt möglich)	leicht blutiger Ausfluß	Bei diesem Anzeichen oder bei Fieber sofort Tierarzt benachrichtigen!
9. Woche	(Geburt steht in Kürze bevor)	Bauch „senkt" sich, Zitzen schwellen. Gesteigerte Unruhe, evtl. Futterverweigerung. Wäßriger Ausfluß	Ruhe bewahren! Nur im Notfall eingreifen. Verzögerungen sind kein Grund zur Besorgnis, solange Leben im Leib spürbar ist

17

Viele Katzen halten es ähnlich. Sie haben also nichts falsch gemacht, wenn Ihnen das „Gequieke" der Neugeborenen aus dem Kleiderschrank, dem Wäschekorb oder aus irgendeiner Schublade entgegen tönt ...

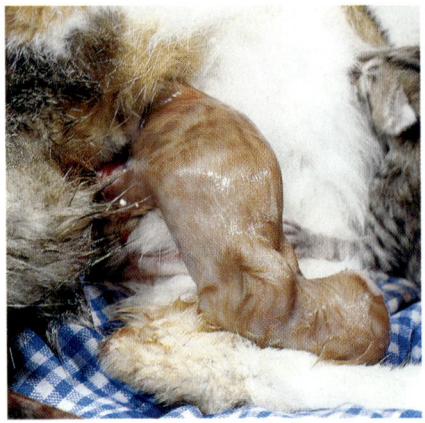

Vorsorge für den Fall des Falles
Für Eventualitäten sollten Sie gerüstet sein. Informieren Sie Ihren Tierarzt über die bevorstehende Katzengeburt, und legen Sie seine Telefonnummer griffbereit, sicherheitshalber auch die Nummer des tierärztlichen Notdienstes.

Wichtig: Blutiger und übelriechender Ausfluß, starke Blutungen oder Fieber mehrere Tage vor dem Geburtstermin sind Warnzeichen für eine drohende Fehlgeburt. Benachrichtigen Sie den Tierarzt!

Sollte die werdende Mutter eine Rassekatze sein, sprechen Sie am besten auch mit dem Züchter. Vielleicht kann er Ihnen mit Rat und Tat zur Seite stehen. Solch einen erfahrenen Geburtshelfer wird auch eine heikle Katze kaum ablehnen, und für Sie ist es eine Beruhigung. Ansonsten heißt es abwarten und der zukünftigen Katzenmutter viel Aufmerksamkeit schenken. Sie ist jetzt die „Queen".

Die Geburt

Es geht los ...
Daß die Geburt unmittelbar bevorsteht, zeigt sich bei der Katze in gesteigerter Unruhe. Wäßrig-schleimiger Ausfluß kündigt die Eröffnungsphase an. Es kann einige Stunden dauern, bis sich die Geburtswege geöffnet haben. Danach setzen die Preßwehen ein und die Austreibungsphase beginnt. Nach dem Abgang des Fruchtwassers geht es meist Schlag auf Schlag. In Abständen von etwa einer halben Stunde bringt die Katze je ein Junges zur Welt. Sie befreit es von der Fruchthülle, leckt Gesicht und Körper des Neugeborenen, um Schleimreste wegzuputzen und die Atmung anzuregen. Danach frißt sie die jedem Kätzchen folgende Nach-

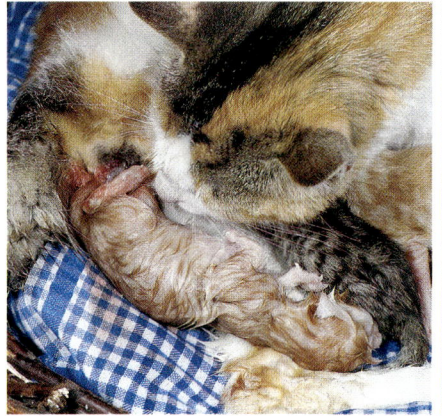 

Während die Mutterkatze noch Geburtshilfe leistet, haben die erstgeborenen Katzenbabys bereits die Milchquelle gefunden

geburt und knabbert die Nabelschnur bis auf einen kleinen Rest ab. Ihre „Geburtshilfe" (wenn von der Katze erlaubt) beschränkt sich in aller Regel auf beruhigenden Zuspruch, eventuell stemmt die Katze sich beim Pressen mit dem Rücken gegen Ihre Hände. Sollten aber die Geburten zu schnell aufeinanderfolgen, kann es nötig werden, daß Sie

◆ die Fruchthülle am Kopf des Neugeborenen mit den Fingern zerreißen und sein Näschen mit einem sauberen Papiertaschentuch freiwischen

◆ das Neugeborene mit einem rauhen Tuch in kreisenden, leicht klop-

fenden Bewegungen abfrottieren, um die Atmung anzuregen (Köpfchen dabei nach unten halten!)

◆ beim Abnabeln helfen: Wenn die Katze die Nabelschnur nicht durchbeißt, streichen Sie mit leichtem Druck darüber, immer in Richtung auf das Kätzchen hin. Sobald die Schnur blutleer ist, kann sie mit einer in kochendem Wasser desinfizierten Schere abgezwackt werden. Einen Rest von 3 bis 4 cm müssen Sie dabei allerdings stehen lassen, damit es nicht zu einem Nabelbruch kommt!

Wichtig: Auch wenn Ihre Katze zunächst bei den Kleinen keine Geburtshilfe leistet, bewahren Sie bitte Ruhe! Sobald die Katzenbabys zu „quieken" beginnen, weiß sie meist, was zu tun ist.

19

Geschafft!

Normalerweise ist die Katzengeburt nach spätestens 24 Stunden abgeschlossen. Binnen kürzester Zeit sind die feuchten Fellbündelchen liebevoll trockengeschleckt. Die frischgebackene Mutter legt sich zufrieden auf die Seite, bildet einen Halbkreis um ihre Jungen – und läßt ein tiefes, lautes Schnurren hören. Falls sie ihr Wurflager angenommen hat, können Sie jetzt vorsichtig das Tuch und die Papier- oder Zellstofflagen herausziehen – dann liegt die ganze Familie im sauberen Bett.

Während die junge Mutter futtert, können Sie sich die Kleinen mal näher anschauen: Kätzchen oder Katerchen? So gut wie jetzt, ist der Unterschied (s. Abb. unten) erst wieder zu erkennen, wenn die Tiere geschlechtsreif sind. Beim Katzenmädchen

gleichen After und Geschlechtsöffnung einem Semikolon, beim Kater sind beide Öffnungen kreisrund, sehen also eher wie ein Doppelpunkt aus, allerdings einer mit ziemlich viel Zwischenraum. Vorsicht, wenn Sie mit den Kleinen hantieren – sie sind noch sehr empfindlich!

Besonders übrigens gegen Temperaturschwankungen, denn die Tierchen können ihre Körperwärme noch nicht selbst regulieren. An Mutters warmem Bauch sind sie am besten aufgehoben. Von dort bekommen sie auch ihr wichtigstes Gesundheits-Kapital: das sogenannte Kolostrum. Dieses Sekret wird vor und unmittelbar nach der Geburt, in jedem Fall aber vor Beginn der eigentlichen Milchproduktion, gebildet. Es ist nicht nur vom Eiweiß-, Vitamin- und Mineralstoffgehalt her „allererste Sahne", mit der Kolostralmilch nehmen die Kätzchen auch Abwehrstoffe (Antikörper) auf, die sie einige Wochen lang vor allerlei Infektionskrankheiten schützen. Die mütterlichen Antikörper passieren ungehindert die Darmschranke und gelangen direkt ins Blut der Neugeborenen – allerdings nur in den ersten beiden Tagen. Bis zu einem Alter von ca. 8 Wochen haben die Kleinen damit gewissermaßen eine „Schutzimpfung".

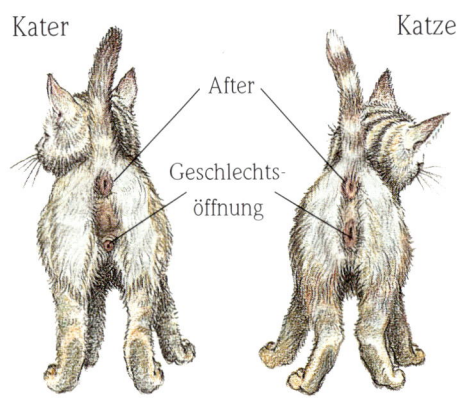

Kater   Katze

After

Geschlechtsöffnung

20

Unser Tip

Bieten Sie der Katze nach der Geburtsarbeit eine Stärkung an – ruhig den Lieblingsleckerbissen!

Spätestens zwei Stunden nach der Geburt sollte übrigens jedes Junge an „seiner" Zitze hängen und tüchtig nuckeln. Normalerweise brauchen Sie sich darum nicht zu kümmern – Katzenmütter sind sehr fürsorglich. Sie verlassen ihr Wurflager nur, um ihre Notdurft zu verrichten und etwas zu fressen.

Für die Ernährung der Säugenden gelten ähnliche Grundsätze wie bei der trächtigen Katze (Futter möglichst eiweißreich, hochwertig, mehrere kleine Mahlzeiten, Zusatz von Vitaminen und Mineralien). Allerdings darf es jetzt deutlich mehr sein: Säugende Katzen haben einen sehr hohen Energiebedarf.

Wann der Tierarzt helfen muß

Komplikationen bei der Geburt sind zwar die Ausnahme, sie können aber vorkommen. In folgenden Fällen muß der Tierarzt helfen:
◆ Die Preßwehen dauern stundenlang

◆ Ein Tierchen bleibt im Geburtskanal stecken. Erfahrene Züchter beherrschen Hebammen-Handgriffe, Laien sollten lieber nicht selbst Hand anlegen
◆ Der Abstand zwischen den Geburten beträgt mehrere Stunden
◆ Die Katze produziert keine Milch, oder sie nimmt ihre Kleinen nicht an.

Im letzten Fall müssen die Neugeborenen bis zum Eintreffen des Tierarztes warmgehalten werden (Wärmflasche in weiche Tücher packen, Kätzchen darauflegen). Der Tierarzt kann u. U. mit einer Hormonspritze helfen.

Unser Tip

Richten Sie einen Futterplatz in der Nähe der Katzenkinderstube ein! Auch die Streukiste sollte nicht allzuweit vom Nest entfernt sein. Falls in Ihrem Haushalt mehrere Stubentiger leben, bekommt die „Queen" jetzt ihre eigenen „sanitären Anlagen". Und natürlich erwartet sie, daß Sie Störungen soweit wie möglich von ihr fernhalten.

Wichtig: Zu jedem neugeborenen Kätzchen gehört auch eine Plazenta. Bleibt eine in der Gebärmutter, kann es unter Umständen zu schlimmen Infektionen kommen. Der Tierarzt muß notfalls operieren.

Tiere, die Sie weder behalten noch vermitteln können, oder nicht lebensfähige Junge müssen vom Tierarzt eingeschläfert werden. Selbsthilfe ist vom Tierschutzgesetz verboten!

Mutterlose Kätzchen

Das passiert zum Glück äußerst selten: Die Mutterkatze nimmt ihre Babys nicht an oder stirbt. Was nun? Die beste Lösung ist eine Amme. Fragen Sie bei Tierarzt, Züchter oder Rassekatzenzuchtverein.

Wichtig: Klären Sie mit dem Tierarzt, ob die Kätzchen wegen des fehlenden Kolostrums (siehe S. 20) eine „Notimpfung" bekommen müssen.

Aufzucht ohne Amme
Wenn sich keine Ersatzmutter findet, müssen Sie selbst einspringen. Nachstehend alles Wesentliche, das Sie beachten müssen:

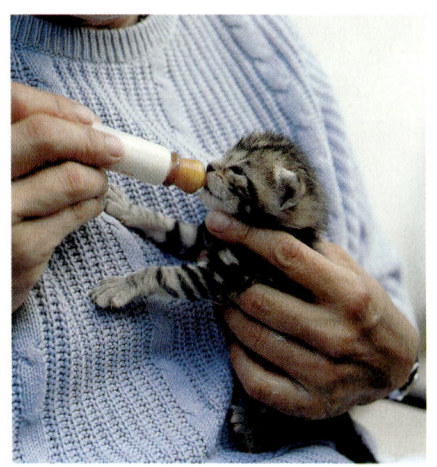

Legen Sie die Katzenbabys beim Füttern nie auf den Rücken – Erstickungsgefahr!

■■■ Umgebungstemperatur: Sie darf in den ersten 3 Lebenswochen nicht unter 30°C sinken, danach genügen ca. 24°C. Achten Sie bei der Verwendung von Heizkissen oder Infrarotlampen auf die ordnungsgemäße Handhabung und den nötigen Abstand zwischen Heizquelle und Katzenbabys.

■■■ Aufzuchtfutter: Für Katzenwelpen gibt es ein spezielles Milchpulver. Sie erhalten es beim Tierarzt und im Zoofachhandel. Dieser Milchersatz wird unmittelbar vor dem Verfüttern (immer frisch!) mit 37–38°C warmen Wasser angerührt. Verwenden Sie möglichst keine

Kuhmilch. Sie enthält für den Bedarf der Katze einen zu niedrigen Protein-, dafür aber einen zu hohen Fettanteil. Mit dem Zufüttern fester Nahrung können Sie beginnen, wenn Ihre Kätzchen 4 Wochen alt sind. Entsprechendes Futter für Katzenwelpen erhalten Sie im Fachhandel.

■■■ Futtermenge: Richten Sie sich nach dem Gewicht der Kätzchen und den Angaben des Herstellers. Sie füttern richtig, wenn die Babys kontinuierlich zunehmen (in der ersten Woche täglich ca. 10 Gramm, bis zur dritten 20 Gramm pro Tag) und gelblichen, relativ festen Kot absetzen. Bei Durchfall müssen Sie sofort zum Tierarzt!

■■■ Fütterungspraxis: Verwenden Sie ein Fläschchen mit kleinem Saugnippel. Im Zoofachhandel gibt es spezielle Milchflaschen für die Katzenaufzucht. Nehmen Sie das Katzenkind zum Füttern auf den Schoß, und umfassen Sie es mit der einen Hand vorsichtig, so daß es sich dagegen stemmen kann. Damit geben Sie ihm Gelegenheit für seinen natürlichen Milchtritt. Dieses Treteln oder Bepföteln ist ein Instinktverhalten, mit dem die Milchproduktion der Mutter angeregt wird.

■■■ Verdauungshilfe: Damit die Kleinen Kot und Urin absetzen kön-

nen, müssen Sie ihnen nach jeder Mahlzeit Bäuchlein und Aftergegend sanft mit der Fingerkuppe massieren – die Ausscheidungen nimmt ein Papiertuch auf.

■■■ Katzenwäsche: Nach jeder Mahlzeit sollten Sie die Katzenbabys mit einem leicht angefeuchteten Frottier-Waschhandschuh sanft abreiben.

Ab der vierten Woche (wenn die erste feste Nahrung zugefüttert wird) heißt es, immer ein flaches Kistchen mit frischer Streu bereitzuhalten. Wann immer ein Katzenbaby besonders „verinnerlicht" dreinschaut, setzen Sie es auf seine Toilette. Normalerweise begreifen die Kätzchen schnell, denn das Scharren nach dem „Geschäft" ist ihnen angeboren.

Wichtig: Mutterlos aufgewachsene Kätzchen brauchen ihr Leben lang besonders viel Zuwendung. Sie sind also nicht die richtigen Partner für Berufstätige, die den größten Teil des Tages außer Haus verbringen.

Die Katzenkinderstube

Katzen werden blind und nahezu taub geboren. Sie sind also zunächst völlig hilflos. Am Anfang ist es schwer zu glauben, daß aus diesen kleinen Fellbündeln einmal das „höchstentwickelte Raubtier" Katze werden wird. Was sich von Woche zu Woche bei den Kleinen tut und wie sich das Leben in der Katzenkinderstube ändert, zeigen die folgenden Seiten in einer Art „Entwicklungsfahrplan" für die 1. bis 12. Lebenswoche.

Die ersten 12 Wochen

Die 1. Woche
Die Katzenbabys orientieren sich nur durch Geruchs- und Tastsinn. Sie können sich nur kriechend fortbewegen und sind äußerst wärmebedürftig. Durch Schreien, Quietschen, Fiepen und Fauchen können sie sich aber bereits bemerkbar machen. Auch der Milchtritt ist ihnen angeboren. Diese kleine „Grundausstattung" genügt, um sich den Weg zur Milchquelle zu bahnen, und das ist schließlich in den ersten Tagen das Allerwichtigste. Manche Kätzchen bevorzugen bereits jetzt eine bestimmte Zitze, an der sie die ganze Stillzeit festhalten. Verhaltensforscher sehen in dieser „Zitzenpräferenz" eine sehr frühe Form des Lernens.

Ab dem 4. Tag beherrschen sie in der Regel das Schnurren, und ab dem 5. zeigen sie erste, noch ungerichtete Reaktionen auf Geräusche. Obwohl von Laufen noch keine Rede sein kann, schubsen die Kleinen einander schon wild umher, besonders, wenn es ums Trinken oder ums wärmste Plätzchen im Nest geht. Eigenmächtiger Fortbewegung der Winzlinge hat die Natur aber sinnvollerweise einen Riegel vorgeschoben: beim Kriechen setzen sie überwiegend nur die rechten oder linken Gliedmaßen ein und beschreiben so eine Spirale, die sie immer wieder an Mutters warmen Bauch zurückbringt. Instinktiv bilden die Kleinen „Kuschelknäuel", wenn die Mutter für einige Zeit das Nest verläßt. Am liebsten sind ihnen die untersten Plätze – Kätzchen, die im Knäuel zuoberst liegen, haben es nämlich lange nicht so schön warm. Sie schreien dann als erste nach der Mutter, und die läßt zum Glück nicht lange auf sich warten. Auch um Nahrung müssen die Katzenbabys jetzt noch nicht lange bitten. Mama ruft sie immer wieder mit leise lockenden Tönen „zu Tisch".

Die 2. Woche
Zwischen dem 7. und dem 12. Tag öffnen die Kleinen in der Regel die Augen. Diese sind zunächst noch milchig-blau, und das Sehvermögen ist noch sehr eingeschränkt. Die Ohren beginnen sich aufzurichten, und Geräusche werden geortet. Erste Gehversuche werden unternommen. Auch die Waffen der Stubentiger nehmen langsam Gestalt an bzw. werden tauglich. Das erste Gebiß, das Milchgebiß, beginnt sich zu entwickeln – die Schneidezähne machen den Anfang. Und die Katzenkinder können jetzt bereits ihre Krallen einziehen.

Die 3. Woche
Hör- und Sehvermögen werden zunehmend besser. Die Kätzchen erkennen jetzt Mutter und Geschwister optisch.
Mehr und mehr sind sie auch imstande, ihre Körpertemperatur selbst zu regulieren. Auch die Muskeln werden zunehmend kräftiger und die Koordination der Bewegungen klappt besser. Die „Minis" üben Buckelmachen, kleine Sprünge, Schwanzaufplustern und den krebsartigen Rückwärtsgang.

2 bis 3 Wochen alte Kätzchen sind für einen Ausflug ins Grüne noch zu jung – Unterkühlung droht!

Bereits mit 4 Wochen beginnt den Kleinen auch feste Nahrung zu schmecken

Die 4. Woche

Das Gehör ist jetzt voll entwickelt, und der Katzennachwuchs orientiert sich zunehmend optisch. Es wird lebendig in der Kinderstube! Die neugierigen Kleinen machen erste Ausflüge aus dem Nest. Bocksprünge und Purzelbäume sind jetzt an der Tagesordnung – wenn sie auch noch ungeschickt ausfallen. Enorme Spielfreude und unermüdlicher Forscherdrang machen das wett. Hier und da wird Futter aus Mutters Napf probiert (oder Beute, die Mutter angeschleppt hat). Damit wird's auch Zeit für die ersten „Geschäfte". Daß man dafür die Streukiste benutzt, haben sich die Kätzchen schon abgeguckt – aber noch passieren gelegentlich Malheurs.

Die 5. Woche

Die Muttermilch kann den Hunger nicht mehr stillen. Die Rabauken benötigen jetzt zunehmend feste Nahrung. Auch müssen sie die Katzenmutter immer öfter zum Stillen „überreden". Sie säugt deutlich seltener.

Unser Tip

Profi-Züchter stellen vor dem Katzen-Kindergarten eine etwa 60 cm hohe Sperrholzbarriere auf – machen Sie's nach! Und stellen Sie ein zusätzliches Katzenklo mit besonders niedrigem Rand auf, um das Toilettentraining zu erleichtern.

Häufig kann man in der 5. Woche einen vorübergehenden Wachstumsstop feststellen, besonders wenn es sich um einen sehr großen Wurf handelt. Nach dem Stop schießen die Kleinen dann aber um so schneller in die Höhe. Die Augen sind jetzt strahlend-blau. Im Milchgebiß erscheinen die Eckzähne. Die Kätzchen rennen, springen, klettern und üben spielerisch den Beutefang. Auch der Stellreflex ist jetzt voll entwickelt, d. h., die Kleinen drehen sich im Fall wie die erwachsenen Tiere und landen auf den Füßen.

Die 6. Woche

Das Milchgebiß ist komplett. Der Nachwuchs zeigt bereits nahezu die gleichen Reaktionen auf soziale Reize, besonders auf Drohsignale, wie erwachsene Katzen. Die Motorik ist allerdings noch nicht voll ausgebildet, weshalb es mit der eleganten Fortbewegungsweise noch etwas hapert. Die Kleinen beginnen sich jetzt eigenständig zu putzen. Wie selbstverständlich benutzen sie jetzt die Katzentoilette.

Kätzchen begreifen schnell, wozu die Streukiste gut ist

Wichtig: Die Katzenkinder können bereits vorzüglich klettern und so manches Hindernis überwinden. Passen Sie deshalb auf, wohin Sie Ihre Füße setzen. Jetzt gilt es auch, die Wohnung „katzensicher" zu machen (s. S. 43 f.).

Das Mutter- und Kind-Idyll bröckelt. Die Kätzchen müssen jeden Schluck Muttermilch förmlich erbetteln. Gelegentlich setzt es von der Mutter bereits Hiebe, wenn ihr die Kleinen zu aufdringlich werden.

Die 7.–8. Woche

Die Körpertemperatur ist jetzt weitgehend stabil. Im Spiel werden zunehmend Beutefang-Bewegungen geübt: Anschleichen, Packen, Beißen … Die Entwöhnung von der Muttermilch ist weitestgehend abgeschlossen. Abwehrende Hiebe von der Mutter sind an der Tagesordnung: Abnabelung heißt das Ziel!

Bei Wohnungskatzen fällt diese Phase nicht so eindeutig aus. Aber auch hier nimmt die Zeit, die Mutter und Kinder miteinander verbringen, von Woche zu Woche ab.

Unser Tip

Da sich die Kätzchen primär über den Geruchssinn orientieren, lassen Sie größere Reinigungs-aktionen oder „Bettwäsche"-Wechsel fürs erste lieber sein.

Die 9.–12. Woche

Die Augen bekommen ihre bleibende Farbe. Die Muttermilch versiegt, Saugversuche der Kleinen werden von der Katze mit Pfotenhieben „geahndet". Die Kätzchen können sich jetzt so perfekt bewegen wie erwachsene Tiere, und ab der 12. Woche ist auch ihr Sehvermögen voll ausgebildet. Soziale Spiele werden seltener. Der Zahnwechsel beginnt. Das Erwachsenengebiß ist allerdings erst mit 28 Wochen komplett. Der Auszug aus der Katzenkinderstube steht bevor.

Mit 10 Wochen klappt das Anschleichen schon fast perfekt

28

Bei Gefahr trägt die Katze ihr Kleines am Nackenfell fort

Mutterpflichten

Die Katzenmutter entfernt sich in den ersten beiden Tagen fast gar nicht und danach auch nur für kurze Zeit aus dem Nest. Sie hat viel zu tun: Säugen, Wärme spenden und die Kleinen mit der Zunge massieren, um ihre Verdauung in Gang zu bringen. Darüber hinaus macht sie „Windeldienst": Solange die Kätzchen nur Milch saugen, leckt die Mutter ihre Ausscheidungen auf. Natürlich muß sie ihre hilflosen Babys auch beschützen – notfalls auch vor Freunden. Deshalb die Empfehlung: Halten Sie sich ein bißchen zurück, und lassen Sie auch nicht zu, daß andere Familienmitglieder den Katzenbabys zu nahe auf die Pelzchen rücken!

Wichtig: Sollte Ihre Katze zu den eher seltenen Müttern gehören, die ihre Kleinen über längere Zeit allein lassen, müssen Sie dafür sorgen, daß die Umgebungstemperatur während der ersten 3 Wochen nicht unter $30\,^{\circ}C$ sinkt.

Zeit der Prägung

Zwischen der 4. und 7. Lebenswoche liegt die sogenannte „sensible Phase", die Zeit, in der Kätzchen nachhaltig geprägt werden. Wenn Sie die sensible Phase richtig nutzen, wachsen in Ihrer Obhut vertrauensvolle, schmusefreudige, kurzum „menschenfreundliche" Katzen heran – ideale Hausgenossen. Gehen Sie's langsam an: zuerst öfter mal die Kleinen streicheln und in die Hand nehmen, spä-

testens ab der 4. Woche regelmäßig schmusen, spielen und mit den Kätzchen reden – Katzen lieben den Klang einer ruhigen Menschenstimme. Auch Familienmitglieder und Freunde dürfen sich jetzt öfter in der Katzenstube blicken lassen. Achten Sie aber darauf, daß die Mutter nicht nervös oder unwillig wird: Im Nest ist sie der Boß!

Abschied nehmen

Erfahrene Züchter geben Kätzchen nicht vor der 12. Woche außer Haus, da das soziale Lernen mit der Entwöhnung von der Muttermilch noch nicht abgeschlossen ist. Die Kleinen können sich einige Fähigkeiten von der Mutter buchstäblich abgucken, und sie lernen auch voneinander. Katzenkinder entwickeln unterschiedliche Talente und Geschicklichkeiten. Außerdem können so sämtliche Impfungen und Gesundheitsvorsorge-Maßnahmen noch im alten Heim abgewickelt werden – eine gute Investition für den weiteren Lebensweg der Kätzchen.

Aus den Augen, aus dem Sinn?

Ideal ist es, wenn Sie wissen, in welche Hände die Kleinen kommen und wenn Sie mit den neuen „Katzeneltern" auf freundschaftlichen Fuß stehen. Da bleiben Sie gewissermaßen Pateneltern, die bei Problemen mit Rat und Tat helfen können.

Wichtig: Wenn Sie die Kätzchen an Fremde abgeben, schauen Sie sich die Leute genau an.

Wirkliche Katzenfreunde werden Ihre eingehenden Erkundigungen nicht als Mißtrauen auffassen und Ihnen auch gern ein Besuchsrecht einräumen. Wenn es irgendwie geht: Halten Sie sich die Möglichkeit offen, eine Katze zurückzunehmen, falls es ernste Schwierigkeiten geben sollte. Es wäre doch schade, wenn das Kleine andernfalls im Tierheim landet. Falls Sie Rassekätzchen abgeben, werden Sie selbstverständlich einen angemessenen Preis verlangen – der Zuchtverband kann Ihnen da Richtlinien an die Hand geben. Auch ein Hauskätzchen sollten Sie nicht einfach wegschenken. Eine Schutzgebühr, die Ihre Futter-, Pflege- und Tierarztkosten deckt, ist eine Art Lebensversicherung für das Katzenkind: Wer nicht zur Zahlung bereit ist, wird wohl auch kaum bereit sein, verantwortungsbewußt für das Tier zu sorgen.

Wir wollen ein Katzenkind

Überlegungen vor der Anschaffung

Sie leben bislang noch „katzenabstinent", hegen aber seit langer Zeit den Wunsch, ein Katzenkind bei sich aufzunehmen. Bevor Sie ernst machen, sollten Sie aber noch einige Überlegungen anstellen. Schließlich übernehmen Sie die Verantwortung für ein Katzenleben, das ohne weiteres 20 Jahre dauern kann.

Eignen Sie sich als Katzenhalter?
Zunächst gilt es festzustellen, ob eine Katze für Sie überhaupt das richtige Haustier ist. Dazu sollten Sie sich die nachfolgende Checkliste einmal genau ansehen. Nur wenn sämtliche

dort aufgeführten Behauptungen auf Sie zutreffen, dann liegen Sie mit Ihrem Wunsch nach einem Stubentiger richtig! Für eine tiefe Freundschaft zwischen Mensch und Katze müssen allerdings nicht nur die Haltungsbedingungen für das Tier stimmen, sondern es ist auch sehr wichtig, daß Sie sich Ihrer Katze gegenüber katzengerecht verhalten. Was eine Samtpfote darunter versteht, finden Sie im kleinen „Katzen-Knigge" ab Seite 58.

Kater oder Kätzchen?
Wenn eine Katze bei Ihnen alle Voraussetzungen für ein schönes Leben vorfindet, müssen Sie sich um diese Frage keine großen Gedanken machen, bevor Sie sich für ein bestimmtes Katzenkind entscheiden. Verschmust und anhänglich sind nämlich sowohl Kätzchen als auch Katerchen, selbstbewußt, verspielt und kapriziös ebenfalls. Die wirklich wichtigen geschlechtsspezifischen Unterschiede zeigen sich erst nach Eintritt der Geschlechtsreife (s. auch S. 82 ff.). Dann bekommen Katzen zwei- bis

Checkliste *Eignen Sie sich als Katzenhalter?*

◆ *Sie sind bereit, alle anfallenden Kosten für Tierarzt, Grundausstattung, artgerechtes Futter etc. zu übernehmen*

◆ *Sie haben genügend Zeit, um sich täglich mit der Katze zu beschäftigen (besonders reine Wohnungskatzen sind auf den Menschen als Bezugsperson angewiesen)*

◆ *Sie verlangen keine Unterordnung von der Katze und respektieren ihre Bedürfnisse*

◆ *Die gesamte Familie ist einverstanden*

◆ *Es gibt keine Umstände, die gegen Katzenhaltung sprechen, wie z.B. Einschränkungen im Mietvertrag oder eine Katzenallergie*

◆ *Die Betreuung des Tieres ist gewährleistet, auch wenn Sie abwesend sind (Urlaub, Dienstreise etc.)*

◆ *Sie übernehmen die Verantwortung für die Geburtenkontrolle*

◆ *Sie lieben nicht nur junge Katzen*

dreimal im Jahr Junge und Kater, immer auf der Suche nach empfängnisbereiten Weibchen, durchstreifen die Umgebung und liefern sich mit männlichen Artgenossen wilde Kämpfe. Zudem hinterlassen Sie überall (auch in der Wohnung) penetrante „Duftmarken". Wer also nicht dafür verantwortlich sein will, daß das Katzenelend durch unkontrollierte Vermehrung weiter zunimmt, und wer einen ausgeglichenen und anhänglichen Stubentiger bevorzugt, der muß sein Tier ohnehin kastrieren lassen (s. auch S. 84 f.).

Für Wohnungskatzen wunderbar: ein Artgenosse als Kumpel

Eine Katze oder zwei?

Wenn Sie sich mit der Idee anfreunden könnten, zwei Kätzchen zu adoptieren, wäre das prima! Vor allem, wenn Sie in einer Etagenwohnung leben und damit schon feststeht, daß Ihr vierbeiniger Familienzuwachs keinen Freilauf haben kann.

Unser Tip

Am besten wählen Sie zwei Wurfgeschwister. In vielen Würfen bilden sich sogar regelrechte „Zweier Teams": Tiere, die bevorzugt miteinander spielen und kuscheln.

Zu zweit geht eben auch bei Katzen vieles besser. Aber sind Katzen nicht Einzelgänger? Verhaltensforscher haben diese Ansicht inzwischen gründlich revidiert: Katzen sind zwar Individualisten, aber sie sind weder asozial noch ungesellig. Mancherorts bilden verwilderte Katzen regelrechte Kommunen mit wechselseitiger Kinderbetreuung. Katzenversammlungen sind gang und gäbe, und freilaufende Katzen in der Nachbarschaft pflegen zumindest oberflächliche Beziehungen. Auf Bauernhöfen kann man auch erwachsene Tiere miteinander kauern und kuscheln sehen, manche schlafen in engem Körperkontakt. Wohnungs-

katzen brauchen den Artgenossen im „Revier" fast noch mehr:
◆ zur Anregung der Sinne
◆ als Partner für Sport und Spiel
◆ gegen Langeweile und Einsamkeit

Den letzten Aspekt sollten vor allem berufstätige Katzenfreunde bedenken. Grund zur Eifersucht müssen Sie nicht haben. Sie bleiben als Bezugsperson die „Nr. 1" für beide ...

Wie man an junge Katzen kommt

Ein Rassekätzchen vom Züchter
Viele engagierte Tierschützer sind zu Recht gegen Katzenzucht angesichts des kätzischen Geburtenüberschusses. Andererseits haben Katzen von liebevollen und sachverständigen Züchtern nur gute Erfahrungen mit Menschen gemacht. Entsprechend selten zeigen sie durch Mißtrauen und Angst hervorgerufene Verhaltensstörungen.
Informieren Sie sich aber genau über die Rasse, die Sie ins Auge gefaßt haben. Rassespezifische Unterschiede im Wesen und Verhalten sind zwar nicht ganz so ausgeprägt wie bei den Vertretern der einzelnen Hunderassen, aber nicht jede Katze paßt zu

jedem Menschen. Siamesen beispielsweise brauchen besonders viel menschliche Zuwendung – für Berufstätige, die viel außer Haus sind, also kaum die richtigen Wohngenossen. Perserkatzen lieben Ruhe, sind aber nichts für Phlegmatiker: Wer zum täglichen Kämmen und Bürsten zu bequem ist, hat bald eine unglückliche und verfilzte Katze mit Darmproblemen. Die beim Putzen verschluckten Haare verursachen nämlich Verstopfung.
Wenn Sie sich Züchter-Adressen von einem seriösen Verband geben lassen oder wenn Sie auf einer Verbands-Ausstellung gezielt Züchter ansprechen, mindern Sie das Risiko, an Geschäftsleute zu geraten, die ihre Tiere zu Gebärmaschinen degradieren. In jedem Fall sollten Sie sich aber vor Ort, d.h. beim Züchter zu Hause, darüber informieren, wie die Katzen gehalten werden. Am besten statten Sie mehreren Züchtern einen Besuch ab – entscheiden Sie sich keinesfalls voreilig. Erst wenn die in der nachfolgenden Checkliste aufgeführten Kriterien zutreffen, können Sie ziemlich sicher sein, den richtigen Züchter gefunden zu haben.
Noch ein Wort zu Ausstellungen: Mögen Sie auch von Katzen in kleinen Boxen nicht gerade begeistert

Checkliste — Kriterien für einen seriösen Züchter

◆ Die Tiere haben vollen Familienanschluß und werden nicht im Zwinger gehalten

◆ An den Katzenplätzen herrscht hygienische Sauberkeit

◆ Der Züchter berät Sie ausführlich

◆ Er gibt seine Katzen nur mit Stammbaum, Impfpaß und tierärztlichem Gesundheitszeugnis ab

◆ Er verkauft nicht direkt von einer Ausstellung

◆ Katzen bleiben bis zu einem Alter von 12 Wochen bei ihrer Mutter

sein – bessere Gelegenheit, möglichst viele Rassekatzen „live und in Farbe" kennenzulernen und mit erfahrenen Züchtern, Richtern und anderen Katzenexperten ins Gespräch zu kommen, gibt es kaum.

Anfrage beim Tierarzt oder Tierschutz

Falls Sie die Bedenken der Tierschützer teilen und lieber ein „gewöhnliches" Hauskätzchen bei sich aufnehmen wollen, empfiehlt sich diese Möglichkeit. Tierärzte wissen oft, wo gerade Katzenkinder abzugeben sind. Tierschutzvereine und die ihnen angegliederten Tierheime sind auf die

Nachfrage von Tierfreunden sogar angewiesen. Gerade in den Sommermonaten gibt es besonders viele Katzenbabys, die es zu vermitteln gilt. Wenden Sie sich aber nicht gleich enttäuscht ab, wenn Sie bei Ihrem Besuch im Tierheim nur ausgewachsene Katzen vorfinden. Vielleicht muß es ja gar kein Jungtier sein! Auch erwachsene Samtpfoten können sich sehr eng an neue Menschen anschließen. Eines müssen Sie allerdings bedenken, wenn Sie sich für eine Katze aus dem Tierheim interessieren: Da dort viele Katzen relativ eng zusammenkommen, steigt das Infektionsrisiko. Trotzdem ist die

Gefahr, ein krankes Tier zu bekommen, sehr gering. Tierärzte kümmern sich gründlich um die Gesundheit der „Heiminsassen". Auch haben Sie in vielen Tierheimen noch 14 Tage nach der „Adoption" Anspruch darauf, daß der dortige Tierarzt Ihren Neuankömmling kostenlos behandelt, falls dieser krank wird.

Katzenkinder aus dem Bekanntenkreis

In Ihrer Bekanntschaft gab es Katzennachwuchs? Grundsätzlich spricht nichts dagegen, wenn Sie sich von dort ein Kätzchen holen. Natürlich sollten Sie ein so gutes Verhältnis haben, daß Sie sicher sein können, daß die Kleinen gut gehalten werden. Ideal ist es, wenn Sie nicht allzu weit von Ihren Freunden entfernt wohnen. Sie können dann die Entwicklung der

Katzenbabys gut beobachten und sich schon mal im Umgang mit ihnen üben. Sie bekommen ganz nebenbei einen „Grundkurs" in Katzenpflege und -ernährung. Schließlich können Sie sich später in Urlaubszeiten als „Catsitter" gegenseitig vertreten.

Wichtig: Auch wenn Ihnen Ihr zukünftiger Hausgenosse nach zahlreichen Besuchen schon fest ans Herz gewachsen ist, sollte er erst mit etwa 12 Wochen bei Ihnen einziehen. Vorher braucht das Katzenkind noch dringend den engen Kontakt zur Mutter und zu seinen Wurfgeschwistern.

Möglichst vor seinem Umzug ins neue Heim sollte der kleine Stubentiger geimpft, entwurmt und wenn nötig auch „entfloht" werden.

Kleine „Wilde" brauchen Hilfe ...

In ländlichen Gegenden gibt es sie besonders häufig: Katzen, um die sich keiner so recht kümmert. Sie finden vielleicht Unterschlupf in irgendeinem Schuppen, und wenn sie ganz großes Glück haben, stellt ihnen gelegentlich jemand Essensreste oder gar Katzenfutter hin. Mehrmals im Jahr bekommen sie Junge, von denen viele – geschwächt durch Unterernährung, Parasiten etc. – an Infektionskrankheiten (u. a. Katzenschnupfen) sterben.

Diese freilebenden Katzen lernen in der Regel den Menschen nicht als Bezugsperson kennen und können daher auch kein Vertrauen zu ihm aufbauen. Deshalb die Frage: Können solche Tiere überhaupt gute Hausgenossen werden?

Lassen Sie mich kurz von Ninja & B. B. (Black Beauty oder Bad Boy, je nachdem, ob er gerade in Schmuse- oder Schabernackstimmung ist) erzählen. Die beiden strichen in ihren ersten Lebenswochen mit ihrer Mutter um das Haus einer Kollegin, einer Tierfreundin mit Katzenallergie. Sie bekamen dort Futter hingestellt und wurden auch schon mal gestreichelt. Irgendwann blieb die Mutterkatze weg. Und der Sommer drohte total zu

verregnen. „Die Kätzchen müssen ins Trockene", meinte meine Kollegin. „Könnten Sie nicht ...?" Ich hatte reichlich gemischte Gefühle. Halbwilde Tiere? Und ich konnte ihnen nicht einmal Auslauf bieten ... Schließlich habe ich „Ja" gesagt und es bis heute nicht bereut. Die beiden Kater sind verspielt, anhänglich und voller Lebensfreude! Eben einfach hinreißend!

Ich kann die Adoption von „kleinen Wilden" also empfehlen. Aber ich muß betonen, daß ich Glück hatte: Einmal, weil die beiden sich als Wurfgeschwister von vornherein gut verstanden und als „Team" zu mir kamen. Zum anderen, weil beide während der sensiblen Phase (s. S. 29 f.) schon mal gute Erfahrungen mit Menschen gemacht hatten und daher ihre Scheu relativ schnell ablegten.

Falls Sie also einen „Wildling" aufnehmen, stellen Sie das Tier nach dem Einfangen umgehend einem Tierarzt zu Gesundheitscheck und Ungezieferkontrolle vor. Dabei sollten Sie natürlich auch gleich die ersten Impfungen durchführen lassen.

Haben Sie Geduld. Kleine „Wilde" sind in den ersten Tagen besonders scheu. Bauen Sie ihnen mit Gelassenheit und vielen Spielangeboten langsam eine Vertrauensbrücke!

Wichtig: Wenn bereits andere Tiere bei Ihnen leben, ist der sofortige Tierarztbesuch mit dem Neuankömmling besonders anzuraten. Der „Neue" könnte sonst Parasiten oder möglicherweise sogar gefährliche Infektionskrankheiten auf die übrigen tierischen Hausgenossen übertragen.

Das geringste Problem scheint übrigens die Sache mit der Stubenreinheit zu sein: Ninja und B. B. jedenfalls kamen vorsichtig aus ihren Transportkörbchen, nahmen ein paar Mäulchen voll Futter und benutzten die Streukiste, als hätten sie nie etwas anderes getan...

**Keine Kätzchen
aus der Zoo-Handlung**
Vom Kauf einer Katze aus einer Tierhandlung sollten Sie unbedingt Abstand nehmen! Selbst ein gut geführtes Zoogeschäft ist nicht die richtige Umgebung für kleine Katzen. Sie leben dort auf engem Raum mit vielen ständig wechselnden Artgenossen, wodurch sich das Risiko für Infektionskrankheiten erhöht.

Außerdem fehlt ihnen, was fast noch schlimmer ist, der enge Kontakt zum Menschen. Immer mehr Zoohandlungen verzichten deshalb inzwischen auf die Ausstellung und den Verkauf von Katzen- und Hundewelpen. Zum Glück! Aber natürlich gibt es auch unter den Zoohändlern immer noch schwarze Schafe. Meist beziehen sie ihre „Ware" bei Massenzüchtern, die sich um die Gesundheit der Tiere ebenfalls wenig scheren.

Wichtig: Durch den Kauf einer Katze aus der Zoohandlung kurbeln Sie das Geschäft von skrupellosen Tierhändlern und Massenzüchtern weiter an!

Was aber, wenn Sie den mitleiderregenden Blicken eines kleinen Kätzchens hinter der Schaufensterscheibe nicht widerstehen können? Freunde von mir kamen so an ihren Tigerkater Leone. Nach Monaten tierärztlicher Behandlung (wegen Dauerdurchfall) „mauserte" er sich zu einem schönen und gesunden Tier. Eine Geschichte mit Happy-End also, oft genug ist aber das Gegenteil der Fall.

Einzugsvorbereitungen

Unabhängig davon, ob Sie sich nun für 1 oder 2 Katzenkinder entschieden haben (ich spreche im folgenden der Einfachheit halber nur von einem) gibt es vor dem geplanten Einzug noch einiges für Sie zu tun.

Die Grundausstattung

Bevor der kleine Rabauke zu Ihnen kommt, sollten Sie unbedingt die wichtigsten, in der Checkliste auf Seite 43 aufgeführten „Katzenutensilien" zu Hause haben. Sie benötigen:
▬ eine abwaschbare Matte oder ein großes Tablett als „Katzentisch".

▬ das „Eßgeschirr": Jedes Tier braucht mindestens einen Futternapf. Die Trinkschüssel können sich auch zwei Samtpfoten teilen. Beides kommt auf den „Katzentisch".

Wichtig: Verwenden Sie kein Geschirr mit Bleiglasur bzw. keine gelben oder roten Plastiknäpfe (Cadmiumbelastung ist möglich).

▬ ein Schälchen mit Katzengras: Dies gehört auf den „Katzentisch". Gras hilft, beim Putzen verschluckte Haare zu erbrechen.
▬ mindestens 2 Katzenklos: Am besten eignen sich die Hartplastikschalen aus dem Fachhandel. Es gilt die Faustregel: Ein Klo mehr als Katzen da sind, leicht zugänglich und an einem ungestörten Platz.
▬ Katzenstreu: Sie gibt es in vielen Varianten: Sepiolithstreu in 20-Kilo-Säcken, Streu aus Kalk- und Quarzsand, aus Tonerde, Holz, Altpapier oder aus gepreßtem Stroh.

▬ *Diskretes „Örtchen": Nicht jede Katze liebt das Modell mit Dach*

■■■ eine Krallenwetzgelegenheit: Das können mit Sisaltau umwickelte Pfosten sein, ein entsprechend bespanntes und gut befestigtes Brett, eine an die Wand genagelte Sisalmatte oder ein „Luxusmodell" mit Schlafhöhle und Ausguckplattform aus dem Fachhandel. Die Hauptsache ist, daß die Konstruktion standfest, robust und so beschaffen ist, daß sich die Katze daran auch strecken kann.

■■■ einen Transportkorb: Darin sollte das Katzenkind seinen Weg ins neue Heim antreten. Am praktischsten (auch für spätere Reisen und Tierarztbesuche) sind die Kennels aus Hartplastik. Sie sind leicht zu reinigen und absolut dicht – auch wenn dem Tier auf der Fahrt übel werden oder ein anderes Malheur passieren sollte.

■ *Eine sichere Reisesänfte*

■■■ Spielzeug: Weiche Bälle, Säckchen mit Katzenminze oder Spielmäuse. Hauptsache, die Katze kann sie weder verschlucken noch sich daran verletzen.

■■■ Pflegeutensilien: Bürste, Gumminoppenhandschuh (gut zur Fellpflege bei Kurzhaarkatzen!), Staubkamm zur Ungezieferkontrolle.

■■■ waschbare Wolldecken: als Auflage für das (vom Katzenkind ausgesuchte) bevorzugte Döseplätzchen. Die Anschaffung eines Schlafkörbchens ist nicht unbedingt erforderlich.

Unser Tip

Stellen Sie einen zweiten Wassernapf in einiger Entfernung vom „Katzentisch" auf. Wildkatzen ziehen nach ihrer Mahlzeit zur Wasserstelle. Hauskatzen machen es gern ebenso.

42

Checkliste · Grundausstattung

◆ *abwaschbare Matte oder großes Tablett*

◆ *Futter- und Trinknäpfe*

◆ *Schälchen mit Katzengras (als Brechhilfe und zur Folatversorgung)*

◆ *2 Katzenklos, Katzenstreu*

◆ *Krallenwetz-Gelegenheit (Sisalmatte, Kratzbaum oder -pfosten)*

◆ *Transportkorb*

◆ *Spielzeug (weiche Bälle, Spielmäuse etc.)*

◆ *Pflegeutensilien (Bürste, Staubkamm, evtl. Gumminoppenhandschuh)*

◆ *waschbare Wolldecken*

◆ *Futtervorrat*

Die katzensichere Wohnung

Kätzchen haben einen unbändigen Forscherdrang, der sie ernsthaft in Gefahr bringen kann. Auch in Ihrem Haushalt gibt es Plätze, Vorrichtungen oder Gegenstände, die dem neuen Familienmitglied gefährlich werden können. Ein Sicherheits-Check vor dem Einzug des kleinen Stubentigers ist deshalb unerläßlich. Hier eine Liste häufiger „Katzenfallen" und Möglichkeiten, wie sich solche Gefahrenquellen entschärfen lassen.

1. Fenster: Kippfenster sind für Katzen lebensgefährlich. Sie können sich hoffnungslos im Fensterspalt verfangen, sogar strangulieren. Sicherheitsregel: Kein Fenster kippen, wenn die Katze im Raum ist oder hinein kann! Im Fachhandel gibt es Kippfenster-Sicherungen mit Montageanleitung.

Im übrigen ist mit allen offenen Fenstern Vorsicht geboten.

Laut Auskunft von Tierärzten gehören Fensterstürze zu den häufigsten Unfallursachen. Sie sollten deshalb Fensteröffnungen mit Spezialnetzen (im Fachhandel erhältlich) sichern. Weniger empfehlenswert ist Fliegendraht, denn Katzen können sich an den engen Maschen die Krallen verletzen.

2. Balkon: Besonders Wohnungskatzen ohne Freilauf schätzen das Sonnenbad oder die Frischluftkur auf dem Balkon. Damit sie nicht auf der Brüstung herumturnen und sich in Absturzgefahr bringen, empfiehlt sich auch hier ein Netz aus hochfestem,

UV-beständigen Nylongarn, das es in einer transparenten und einer olivgrünen Ausführung gibt.

3. Chemie: Verwenden Sie in Ihrem Haushalt so wenig Chemie wie möglich, d.h. keine chlorhaltigen Reiniger, keine phenol- oder karbolhaltigen Desinfektionsmittel und keine teerhaltigen Shampoos.

Tabu sein sollten ebenfalls: lindanhaltige Mottenschutzmittel und die beliebten Fliegen-Strips.

Imprägniersprays (wenn überhaupt) sollten Sie nur im Freien benutzen.

Ansonsten gilt es, chemische Substanzen und Medikamente unter Verschluß zu halten – wie in einem Haushalt mit kleinen Kindern.

Der „Katerkiller" Aspirin ist leider auch für echte Kater und Katzen äußerst gefährlich.

Wichtig: Dünger, Unkrautvernichter und Schädlingsbekämpfungsmittel sind für Katzen hochgiftig. Wegschließen! Wenden Sie solche Mittel in Ihrem Garten an und hat Ihre Katze Freilauf, so muß sie für einige Tage Hausarrest bekommen.

4. Elektrokabel: Junge Katzen halten auch Kabel für Spielzeug, das man mit Krallen und Zähnen wunderbar bearbeiten kann.

Um einen Stromschlag zu verhindern, verlegt man Leitungen am besten unter den Putz, zumindest aber in Kabelkanälen – offen verlegte Kabel sollten auf jeden Fall mit Kabelschellen befestigt werden. Sind lose Leitungen überhaupt nicht zu vermeiden, kann man sie auch mit einer widerlich schmeckenden Substanz einreiben („Bitter Apple", aus der Apotheke). Für Katzenkinder erreichbare Steckdosen sollten Sie mit Kindersicherungen verschließen und Elektrogeräte nicht unbeaufsichtigt in Betrieb lassen.

Wenn Katzen Zimmerpflanzen anknabbern, kann das gefährlich werden

5. Haushaltsgeräte: Kätzchen sind begeisterte „Höhlenforscher". Sie halten Waschmaschine und Wäschetrockner (möglichst noch mit warmer weicher Wäsche gefüllt) für wunderbare Abenteuerspielplätze. Manche versuchen auch, den Geschirrspüler oder den Backofen von innen zu erkunden. Überprüfen Sie deshalb solche Geräte vor dem Einschalten gründlich auf ihren Inhalt.

6. Herumliegende Gegenstände: Was für sie erreichbar ist, erklären Katzenkinder kurzerhand zur „Spielbeute". Deshalb müssen Sie sämtliche Gegenstände, an denen Ihr Kätzchen sich verletzen oder die es verschlucken könnte, aus seiner Reichweite bringen. Gefährlich für den

Magen-Darm-Trakt sind Nadeln, Fäden aller Art, Gummiringe und -bänder, Styropor, Stanniolpapier, Lametta oder Klebstreifen. Auch Plastiktüten sollten Sie unter Verschluß halten: Erstickungsgefahr!

7. Zimmerpflanzen: Insbesondere Wohnungskatzen knabbern auf der Suche nach Abwechslung gerne einmal die eine oder andere Zimmerpflanze oder einen herumstehenden Blumenstrauß an. Dieser Spaß kann jedoch gefährlich werden, denn viele Pflanzen sind giftig. Aus der nachfolgenden Übersicht können Sie ersehen, welche Pflanzen Sie vor allem aus dem „Aktionsradius" der Katze entfernen sollten. Es sind hierbei nicht nur Zimmerpflanzen berücksichtigt, sondern auch Balkonpflanzen und Freilandgewächse. Von letzteren gelangen nämlich viele als Bestandteile von Blumensträußen in die Wohnung.

Wichtig: Bringen Sie vor dem Einzug des kleinen Stubentigers auch in Sicherheit, was Ihnen lieb und teuer ist, denn kleine Katzen sehen in allem, was für sie erreichbar ist, eigens für sie erfundenes Spielzeug.

Giftige Pflanzen

Alpenveilchen (Cyclamen)	Gummibäume (Ficus)
Buchsbaum (Buxus)	Goldregen (Laburnum)
Christrose (Helleborus)	Mistel (Viscum)
Chrysantheme (Chrysanthemum)	Rhizinus (Ricinus)
Dieffenbachie (Dieffenbachia)	Stechpalme (Ilex)
Efeu (Hedera)	Oleander (Nerium)
Engelstrompete (Datura)	Orchideen (Orchidaceen)
Einblatt (Spatiphyllum)	Baumfreund (Philodendron)
alle Farne (Filicopsida)	Primeln (= Schlüsselblume, Primula)
Fingerhut (Digitalis)	Azalee (Rhododendron)
Flamingoblume (Anthurium)	Rittersporn (Delphinium)
Geranien (Pelargonium)	Schefflera (Schefflera)
Ginster (Genista)	Wandelröschen (Lantana)

sämtliche Wolfsmilchgewächse (Euphorbiaceen), z.B. Christusdorn, Weihnachtsstern

viele Zwiebelgewächse: z.B. Herbstzeitlose, Hyazinthe, Krokus, Lilie, Mai- und Schneeglöckchen, Narzisse (= Osterglocke), Tulpe

Der Einzug

Das richtige Alter

12 Wochen alt sollten Kätzchen sein, wenn sie aus der Katzenkinderstube in die Menschenfamilie wechseln. In der Regel sind sie jetzt auch vollständig geimpft, entwurmt und erstmals vom Tierarzt durchgecheckt. So haben die Tiere also jetzt nur Positives zu erwarten. Gute Voraussetzungen für einen geglückten Familienanschluß.

Heimisch werden

Ob der Familienzuwachs Ihnen nun gebracht wird oder ob Sie ihn abholen: Das Katzenkind tritt seine Reise am besten im geschlossenen Transportkorb an. Daheim schließen Sie alle Fenster und nach draußen führende Türen, öffnen den Korb und warten ab, bis die kleine Katze aus eigenem Antrieb herauskommt, was in aller Regel nicht lange dauert. Zeigen Sie dem Tier dann Katzenklo und Futterplatz, halten Sie sich ansonsten aber zurück.

Wichtig: Falls sich das Kätzchen erst einmal verkriecht, lassen Sie es gewähren.

Vielleicht können Sie etwas vom Jahresurlaub opfern, um sich mit dem Katzenkind vertraut zu machen. Lassen Sie aber unbedingt das Tier das Tempo der Annäherung bestimmen. Je weniger es sich bedrängt fühlt, desto eher wird es auf Sie zugehen und seine Schmuse- und Streicheleinheiten abfordern.

Spielangebote bauen Brücken

Junge Katzen sind von Natur aus neugierig und verspielt. Ihr kleiner Kobold wird dabei seine anfängliche Scheu schneller überwinden, wenn Sie ihn immer wieder zum Spielen animieren.

Möglichkeiten hierfür bieten sich genug: Ein Stoffsäckchen mit Katzenminze, das am Band über den Boden gezogen wird, eine weiche Kordel, die sich schlangenartig bewegt, Bällchen, die über den Teppich rollen – irgendwann siegt die Neugier über die Angst und das Katzenkind spielt mit.

Auslauf – ja oder nein?

Wenn Sie in einer Etagenwohnung leben und Ihre Katze keine Möglichkeit hat, nach Belieben ein- oder auszugehen, erübrigt sich die Frage. Gibt es für das Tier aber prinzipiell die Möglichkeit des Freilaufs, dann müssen Sie eine Entscheidung treffen. Zunächst einmal: Katzen lieben Auslauf. Herumstreifen, ein bißchen jagen, Balgereien mit den vierbeinigen „Jungs" und „Mädels" aus der Nachbarschaft, Bäume erklettern und Dächer erklimmen, das ist ein abwechslungsreiches Leben – aber auch ein hochgefährliches! Von 5 Jungtieren mit freiem Auslauf vollenden nur 2 das erste Lebensjahr, und kaum ein „Freiläufer" erreicht die durchschnittliche Lebenserwartung von 12 bis 15 Jahren.

Gefährliche Freiheit

Außerhalb der Wohnung lauern zahlreiche Gefahren auf die Katze.

■ „Killer Nr. 1" ist der Autoverkehr – in Stadt und Land.

■ Auf dem Land werden Katzen aber auch schon mal zur Jagdbeute für Füchse, Greifvögel oder für Jäger. Hunderttausende angeblich wildernde Katzen werden jährlich abgeschossen, im Einklang mit dem Gesetz.

■ Vergiftungsgefahr droht von Pflanzenschutzmitteln, Unkrautvernichtern oder Schädlingsbekämpfungsmitteln.

■ Es gibt Menschen, die aus irgendwelchen Gründen Katzen hassen, ihnen deshalb mit Fallen oder Schrotflinten nachstellen oder ihren Hund auf sie hetzen.

■ Nicht zu vergessen, die Tierfänger, die im Auftrag dubioser Versuchstierhändler freilaufende Katzen einfangen. Bei diesen zahlreichen Gefahren kann von heiler Katzenwelt keine Rede sein.

Was tun?

In manchen Gegenden ist die Nachbarschaft so intakt und sind die Gefahren so überschaubar, daß man es wagen kann, die Katze frei laufen zu lassen. Im allgemeinen muß die Empfehlung aber lauten: Begrenzter Auslauf oder Auslauf unter Aufsicht. Wenn Sie Grundstücksbesitzer sind, besteht die Möglichkeit, einen Schutzzaun zu ziehen, eventuell mit elektrischem Weidezaungerät. In Reihen- und Siedlungshäusern wird das allerdings oft am Einspruch der Nachbarn scheitern. In diesem Fall können Sie allenfalls die Terrasse mit den unauffälligen Netzen (s. auch S. 44) „katzenfest" machen. Wenn

Sie nicht darauf bestehen, daß die Katze beim Spaziergang Ihrem Tempo und der von Ihnen vorgeschlagenen Richtung folgt, können Sie sie ja auch mal „an die Leine" nehmen. Viele Katzen fühlen sich im Ausgehge-schirr allerdings sichtlich unwohl. Ein Trost: Wenn's der Mensch nur richtig anfängt, wird auch die Wohnung zum ausgezeichneten Katzenrevier und zum sicheren Hort für die vierbeinigen Familienmitglieder.

Katzenerziehung – keine Einbahnstraße

Katzen erziehen? Vergebliche Liebesmüh, werden Sie denken, denn so lautet das gängige Vorurteil. Doch wenn ein Katzenkind in eine Menschenfamilie kommt, beweist es bereits „Kinderstube":
◆ Es ist stubenrein.
◆ Es kennt bestimmte „Höflichkeitsgesten".
◆ Es behandelt alle Familienmitglieder wie Artgenossen.

Ein Kätzchen ist also ein soziales Wesen und damit erziehbar. Doch anders als der Hund kennt die Katze keine Rangordnung mit eindeutigen Befehlsstrukturen. Deshalb hat es bei ihr überhaupt keinen Zweck, autoritäre Erziehungsmethoden anzuwenden.

Wichtig: Katzenerziehung ist keine Einbahnstraße, sondern die hohe Kunst des Arrangements. Ihre Aufgabe besteht darin, das Katzenkind auf irgendeine Art und Weise dazu zu bringen, das zu *wollen*, was es *soll*.

Die hohe Kunst des Arrangements

Am Beispiel „Katzenklo" läßt sich gut demonstrieren, wie dieses vielzitierte Arrangement zwischen Ihnen und Ihrer Katze aussehen kann: **Katzen** wollen ihren Schlaf- und Eßbereich sauber halten, und **sie** wollen nach dem „Geschäft" scharren. **Sie** wollen, daß Ihre Katze die Streukiste benutzt. Ein perfektes Abkommen – vorausgesetzt, die Katzentoilette ist standfest, leicht zugänglich und wird regelmäßig gesäubert.
Ihr Erziehungserfolg hängt also in hohem Maße auch davon ab, wie „wohlerzogen" Sie sich der Katze gegenüber benehmen. Sie erwartet von Ihnen,
◆ daß ihre Streukiste stets sauber ist
◆ daß Sie die Futterzeiten weitgehend einhalten (natürlich dürfen Sie sonntags länger schlafen!)
◆ daß Sie Sorge tragen für ihre Pflege und Gesundheit
◆ daß Sie sie mit Respekt behandeln

„Neugiernase" auf unerwünschter Tischpatrouille

Zum letzten Punkt gehört auch, daß Sie ihr nicht allzu viele Verbote auferlegen und aus einer Übertretung kein Drama machen. Manches erledigt sich von selbst: Mit Unarten wie Gardinenschaukeln und Vorhangklettern hören Katzen im Alter von 7 Monaten bis 1 Jahr von selbst auf. Die einzige mir bekannte Ausnahme ist mein Freund B. B.! Der tut's gelegentlich immer noch …

Hören Katzen auf ihren Namen?

Ein Haustier *soll* auf seinen Namen hören. Wie bringt man es nun dazu, das auch zu *wollen*? Dem Hund liegt es im Blut, herbeizukommen, wenn er gerufen wird, der Katze nicht – ihr müssen Sie den Namen schmackhaft machen.

Sprechen Sie das Tier mit seinem Namen an,
◆ wenn Sie mit ihm schmusen
◆ wenn Sie ihm einen Leckerbissen geben
◆ wenn Sie mit ihm spielen und
◆ wenn Sie Ihr Kätzchen loben.

Wichtig: Rufen Sie den Namen nicht, wenn Sie mit Ihrer Katze schimpfen, wenn Sie ihr etwas verbieten oder wenn Sie sie bestrafen wollen (was ohnehin sinnlos ist): Keine kluge Katze hört auf ihren Namen, wenn damit unangenehme Konsequenzen verbunden sind.

Folgt dem Namen etwas Angenehmes, wird Ihr Katzenkind meist auf Ihren Ruf herbeikommen. Manchmal vielleicht nicht gleich, aber in den meisten Fällen wird es Ihnen zumindest mit einem „Miau" antworten.

Die Verhaltensforscherin Elizabeth Marshal Thomas hat das bei vielen Hauskatzen beobachtet und festgestellt, daß sich auch Großkatzen wie Löwen oder Pumas Botschaften „zurufen". Das Fazit der Wissenschaftlerin: „Hunde kommen gleich, wenn sie gerufen werden, Katzen antworten."

Frieden mit den Polstermöbeln

Eine wohlerzogene Katze _soll_ weder an Polstermöbeln noch an Teppichen, Türen oder Tapeten ihre Krallen schärfen. Aber – sie _will_! Krallenwetzen ist für sie Fitneßtraining und Ausdruck ihres Revieranspruchs. Außerdem macht es Spaß! Da hilft nur eins: Sie müssen die Kratzlust auf erlaubte Plätze wie Kratzbrett, -pfosten oder -baum umlenken. Zeigen Sie dem Katzenkind

Unser Tip

Etwas Baldriantee, -tinktur oder ein wenig „Spielspray" (aus Katzenminze, im Fachhandel erhältlich) machen den Krallenwetzplatz attraktiver.

diese „Sportgeräte" immer wieder, führen Sie auch ruhig sein Pfötchen. Lassen Sie sich von seinem skeptischen Blick nicht beirren. Kratzt es an der gewünschten Wetzgelegenheit, ist ein dickes Lob und auch mal ein „Leckerli" fällig.

Wahrscheinlich wird Ihre Katze trotz all Ihrer Bemühungen immer wieder versuchen, an verbotenen Orten ihre Krallen zu schärfen. Erwischen Sie sie dabei, sagen Sie mit erhobener Stimme „nein", heben das Tier auf und tragen es zur Kratzgelegenheit. Wenn Sie das konsequent machen, haben Sie gewonnen. Wenn nicht, verliert Ihre Einrichtung, denn auch Katzenkinder testen gern, wer den längeren Atem hat …

▬ _Hier ist das Krallenschärfen erlaubt_

54

Fehlverhalten korrigieren

Besonders Katzenkinder verfügen über ein großes Repertoire an Unarten, die zum Teil für uns Menschen sogar recht schmerzhaft werden können:

◆ Gardinen und Vorhänge werden als Kletterschaukeln mißbraucht.

◆ Eßbares wird geklaut (bis hin zum Schnitzel aus der Pfanne).

◆ Nackte Menschenbeine werden verfolgt und attackiert.

◆ Kleine Gegenstände werden von Tischen und Schränken heruntergeschubst und durch die Gegend „gekegelt".

◆ Papierkörbe werden umgekippt und ausgeräumt.

◆ Menschen werden mit Kletterbäumen verwechselt.

◆ Verbotene Liegeplätze werden bevorzugt aufgesucht.

Um solches Fehlverhalten zu korrigieren, gibt es verschiedene Möglichkeiten.

1. Die einfachste Lösung ist die: Geben Sie Ihrer Katze in Zukunft keine Möglichkeit mehr, sich „falsch" zu verhalten. Konkret bedeutet dies: Wollen Sie nicht, daß der Vierbeiner in Ihrem Bett schläft, halten Sie die Schlafzimmertür geschlossen. Hat

Gardinenklettern, das macht besonders den Kleinen Spaß

Kätzchen unbemerkt den Sahnetopf leergeschleckt, die Socken verschleppt oder den Papierkorbinhalt zu Konfetti verarbeitet, akzeptieren Sie Ihre Katze als Erzieherin. Lassen Sie nichts Eßbares unbewacht herumstehen und nichts herumliegen, was als Spielzeug, Beute oder „Kuschelnest-Baumaterial" (z.B. Kleidungsstücke) dienen kann. Auch zerbrechliche Gegenstände müssen aus dem Weg geräumt werden, zumindest, bis die ungestüme Kinderzeit vorbei ist.

2. Oft lassen sich die für die Katze so verheißungsvollen Versuchungen wie Gardinen oder Polstermöbel nicht aus ihrem Aktionsradius entfernen. In solchen Fällen machen Sie ihr durch ein laut gesprochenes „Nein"

deutlich, daß Sie mit ihrem Verhalten nicht einverstanden sind. Meine „Jungs" reagieren auch auf ein kurzes Schnalzen oder Händeklatschen, oder auf ein nicht gerade freundlich gesprochenes „Freunde". Eine wirksame Mißfallenskundgebung ist auch das Anpusten (erinnert an Mamas Fauchen).

3. Nur bei schweren „Vergehen", z. B. wenn Ihnen der kleine Kobold immer wieder herzhaft in die Waden beißt, ist zusätzlich zu einem lauten „Nein" auch ausnahmsweise einmal ein kräftiger Stubser angebracht. Ebenfalls hart durchgreifen sollten Sie – im Interesse der Katze –, wenn sie den Küchenherd erkunden will. Auf diesem hat Kätzchen nichts verloren! Auch nicht in der Nähe brennender Kerzen. Der Grund liegt in den für unsere Begriffe nicht ganz zuverlässig arbeitenden Wärmerezeptoren des Tieres. Manche Katze hat sich schon

verbrannt, bevor es ihr selbst zu warm wurde.

Ansonsten sind körperliche Strafen allerdings strikt tabu. Sie können das Tier verwirren und sein Vertrauen in den Menschen zerstören.

Wichtig: Ihre Erziehungsbemühungen haben nur Erfolg, wenn Sie konsequent bleiben und wenn Sie stets sofort reagieren – im Augenblick der Aktion, besser noch im unmittelbaren Vorfeld. Das fällt oft schwer – die Winzlinge sehen bei ihren Streichen meist einfach zu niedlich aus. Lassen Sie sich davon nicht beeindrucken!

Beziehungspflege

Die „Ungeprägten"

Von der Unabhängigkeit unserer Samtpfoten ist oft die Rede, von ihrer Eigenwilligkeit und ihrem Individualismus. Eigenschaften, die uns einerseits faszinieren, andererseits lassen sie die Katze beim Vergleich mit dem Hund schlecht abschneiden. Während der Hund sich für seinen Herrn schier zerreißen läßt, hat die Katze den Ruf, allenfalls „ortstreu" zu sein, ohne eine tiefere Bindung an den Menschen. Diese Ansicht trifft aber erwiesenermaßen nur für solche Katzen zu, die nicht auf den Menschen geprägt wurden. Diese „Ungeprägten" sind vor allem auf Bauernhöfen als Mäusefänger tätig, werden dort geduldet und auch gefüttert. Sie schlafen in Ställen oder Scheunen und haben keinen näheren Kontakt zu Menschen. Den vermissen sie auch nicht, denn in ihrer sensiblen Phase (s. S. 29 f.) haben sie keinerlei soziale Erfahrungen mit dem Menschen gemacht. Sie bleiben also zeitlebens ohne menschlichen Familienanschluß. Doch wenn die

Tiere in ihrem Revier Schutz genießen und genügend Futter vorhanden ist, muß das kein schlechtes Katzenleben sein.

Besonders auf dem Land leben viele Katzen ohne engen Kontakt zum Menschen

Der Mensch als „Superkatze"?

Vorausgesetzt Ihr Kätzchen hatte in seiner sensiblen Phase gute Erfahrungen mit Menschen gemacht, so wird es in Ihnen viel mehr als nur einen „Dosenöffner" sehen. Nach Ansicht von Verhaltensforschern betrachten

Katzen ihren Menschen gewissermaßen als „Superkatze". Vor ihr erstarren Katzenkinder zwar auch nicht in Ehrfurcht, aber sie dürfen sich zeitlebens so behaglich und geborgen fühlen, wie als Baby bei einer Mutterkatze. Einiges spricht allerdings dafür, daß Katzen noch ein anderes Bild von uns haben. In mancher Beziehung erscheinen wir ihnen wohl wie Kinder. Deshalb übrigens bringen sie uns gelegentlich eine Maus nach Hause. Wir sollen sie nicht für ihre Leistung als Jäger loben, sondern uns angucken, wie eine anständige Beute auszusehen hat, und uns dann darüber hermachen. Daß wir das aber auch nie lernen … Nun, sollen unsere vierbeinigen Freunde uns in dieser Hinsicht doch ruhig für ein bißchen beschränkt halten!

Kleiner Katzen-Knigge

Katzen können sich, kein geringerer als „Katzenpapst" Leyhausen hat das herausgefunden, in ihren Menschen regelrecht verlieben. Sie dürfen also eine gute, tiefe Beziehung erwarten. Aber die will auch gepflegt werden. Folgende „Benimmregeln" sollten Sie im Umgang mit Ihrer Katze beachten.

1. Katzen wollen begrüßt werden. Ein „Guten-Morgen" nach dem Aufstehen und vor dem Füttern, ein „Tschüß, bis nachher", wenn man die Wohnung verläßt oder ein „Guten Abend" beim Hereinkommen sind keine Marotten, sondern gehören zur Kommunikation. Auf Ihre Begrüßung wird Ihnen Ihre Katze immer mit einem aufmerksamen Blick, oft auch mit einem freundlichen „Miau" oder mit einem verschmustem Anstupsen antworten.
2. Katzen mögen kein Geschrei, keinen Lärm, kein Herumpoltern, keine Hektik. Übermäßige Geräuschentwicklung macht sie scheu.
3. Katzen mögen keine überraschenden Berührungen, keine Bewegungen, die plötzlich von oben kommen. Halten Sie dem Tier stets die Hand zum Beschnuppern hin, bevor Sie es anfassen.
4. Katzen brauchen – wie Menschen – manchmal Distanz. Sie zeigen es durch sogenannte geschlossene Körperhaltungen (z. B. zusammengerollt wie ein Rundkissen) an. Wenn die Katze gegen ihren Willen festgehalten wird, ist dies eine schlimme Mißachtung ihres Distanzbedürfnisses, nur in Notfällen erlaubt!
5. Katzen wollen korrekt aufgehoben werden: eine Hand umfaßt dabei den

Begrüßung unter Freunden

Brustkorb, die andere stützt das Hinterteil. Am Nackenfell darf allein die Mutterkatze ihre Kätzchen aufheben. Wenn der Mensch diesen Griff anwendet, kann es zu inneren Verletzungen kommen.

6. Katzen mögen keine „Schmuse-Überfälle". In der Regel zeigen sie selbst unmißverständlich, wann ihnen nach Streicheleinheiten zumute ist. Ehrensache, daß Sie das Angebot dann annehmen …

Training und Unterhaltung

Nicht nur schmusen will Ihr Katzenkind mit Ihnen – auch als Spielpartner sind Sie gefragt. Das gilt auch für den Fall, daß Sie 2 Kätzchen haben. Die stellen zwar eine ganze Menge miteinander an, aber außer Balgen, Verstecken und Verfolgen gibt's ja noch andere anregende Spiele. Für Wohnungskatzen ist ein abwechslungsreiches Spielprogramm besonders wichtig. Es dient gleichzeitig als Ersatz für die Beutejagd, als Fitneß- und Intelligenztraining und als Beziehungspflege. Hier ein paar (erprobte) Vorschläge:

Maus am Band: Sie binden eine Gummimaus oder auch ein mit Raschelpapier und Katzenminze gefülltes, zugenähtes Säckchen an eine Kordel und lassen Ihre Katze danach tanzen. Mal sehen, wer die meisten Punkte macht …

Roter Rennkäfer: Voraussetzung für dieses Spiel ist die einmalige Investition von ca. 90 Mark für einen Laserpointer (Fotofachgeschäft). Mit diesem Zeigegerät – gedacht für den Diavortrag – kann man einen satten roten Lichtpunkt über den Fußboden laufen lassen. Unsere Jungs verfolgen den Punkt mit Wonne und „fangen" den „Rennkäfer", indem sie auf ihn springen. Natürlich muß der Schaltknopf sofort losgelassen werden, wenn die Pfote auf den Leuchtfleck kommt. Sonst leuchtet der rote „Rennkäfer" auf der Tatze weiter und dann sind die Jungs beleidigt …

„Undercover-Cat": Legen Sie eine stabile Papiertüte (unter keinen Umständen Plastiktüten nehmen!) auf den Boden. Vielleicht geben Sie einen Löffel getrocknete Katzenminze hinein. Ihr Katzenkind wird bestimmt hineinkrabbeln, sich mit der Tüte herumrollen und durch das Papier nach Ihrer Hand tatzen (Sie spielen doch mit?). Eine andere Variante des Spiels bietet sich an, wenn Sie Ihre Betten neu beziehen. Lassen Sie Ihre Rabauken mal in den gerade ausgewechselten Kissenbezug krabbeln und spielen Sie mit dem plötzlich „lebendig" gewordenen Stoff.

„Fisch" an der Angel: Befestigen Sie ein Spielzeug mit langem, starken Bindfaden an einem Stock – und sorgen Sie für Bewegung. Voller Begeisterung wird Ihre Katze die Verfolgung über Tische und Bänke (Sie bestimmen dabei die Richtung) aufnehmen.

Wichtig: Verwenden Sie Schnur-Spielzeuge nur unter Aufsicht, damit sich das Tier nicht „verstrickt".

„Kickers Wonne": Bällchen sind etwas Wunderbares für die begabten vierbeinigen Kicker. Manche allerdings stehen noch mehr auf eiförmige „Dribbelobjekte", weil die so schön unberechenbar durch die Gegend rollen. Werfen Sie mal eine Walnuß oder ein Stopfei in die Debatte, bzw. auf den Teppich …

„Mensch, spiel doch mit!"

▬ **Verstecken:** Kommen Sie Kätzchens Spaß am Versteckspiel entgegen – es muß ja nicht der Schrank mit der Seidenwäsche sein. Kartons mit Einschlupfloch sind beliebt. Unter bodenlangen Tischdecken (mit Klammern sichern!) oder großen Sofa-Überwürfen verstecken sich die Samtpfoten aber auch gern. Manche Katzen genießen es, wenn der Mensch scheinbar besorgt sucht.

▬ **Apportieren:** Das Apportierspiel klappt mit Bällen, Papierknäueln und ähnlichen Objekten, solange die Katze Spaß daran hat. Besonders beliebt sind bei den kleinen Jägern die Zellophanumhüllungen von Zigarettenschachteln.

Sie sehen, Katzenspielzeug muß nicht unbedingt die Welt kosten. Sie müssen nur selbst genügend Phantasie beweisen. Natürlich gibt es im Handel auch ganz raffinierte Sachen. Sehr schön sind z. B. Spiele, die dem „Angelbedürfnis" der Samtpfote entgegenkommen.

Wichtig: Glauben Sie nicht, Sie brauchten Ihrer Katze nur alle möglichen Spielsachen zu kaufen, damit sie beschäftigt ist. Für den menschlichen Spielpartner ist auch das tollste Gerät bei den kleinen Jägern kein Ersatz.

Lernen Sie „Kätzisch"!

Katzen haben ein sehr differenziertes Kommunikationssystem, zusammengesetzt aus Lauten, Mimik, Körpersprache und bestimmten Verhaltensweisen. Wer es vollkommen verstehen will, muß Katze werden. Doch auch Sie können schon eine Menge lernen, wenn Sie Ihren Hausgenossen aufmerksam beobachten. Nachfolgend ein kleiner Grundkurs der Katzensprache.

Katzen sprechen …

… mit den Augen
◆ direkter Blick: Überlegenheitsdemonstration, erste Stufe der Drohung. Eine Katze in freundlicher Absicht schaut eine andere deshalb niemals starr an. Tun Sie's auch nicht!

61

◆ Blinzeln: Kontaktaufnahme, Beschwichtigung. Versicherung: „Ich bin dir freundlich gesinnt". Der „Blinzelflirt" funktioniert auch zwischen Mensch und Katze – jeder Katze! Probieren Sie's bei Ihrem nächsten Zoobesuch am Löwengehege!

◆ starrer Blick: zusammen mit verengter Pupille und „spielenden" Ohren: Angriffsdrohung. Sind die Pupillen geweitet: Angst. Legt sie noch die Ohren an: Abwehrdrohung.

◆ „Umherschauen": Verlegenheitsreaktion der zurechtgewiesenen oder ausgeschimpften Katze.

… mit den Ohren

◆ „gespitzte", nach vorn gerichtete Ohren: Aufmerksamkeit.

◆ seitwärts gedrehte, „spielende" Ohren: Angriffslust.

◆ angelegte Ohren: Verwirrung, Angst.

… mit dem Schwanz

◆ hoch aufgerichteter Schwanz: Katze fühlt sich wohl und ist guter Dinge. Läuft sie mit steil aufgerichtetem Schwanz vor ihrem Menschen her, heißt das: „Komm doch mal mit". Zittert der hochgereckte Schwanz in sich, so ist das ein freudiges „Hallo".

◆ Schwanzwedeln, -peitschen: Spannung, Erregung, Ärger.

◆ „Klobürste": Wenn die Katze sich erschreckt oder wenn sie einem Gegner imponieren will, plustert sie den Schwanz zu mehrfacher Dicke auf. Kommt noch der berühmte „Katzenbuckel" dazu, ist die Abwehrdrohung perfekt.

… mit dem Körper

◆ Köpfchen geben, stupsen: Ausdruck von Zärtlichkeit und Zuneigung. Sie dürfen sich etwas einbilden, wenn die Katze sich auf die Hinter-

62

beine stellt, um ihr Köpfchen in die Streichelhand zu schmiegen!

◆ Präsentieren. Die Katze begrüßt Mensch oder Artgenossen mit steil aufgerichtetem Schwanz und leicht hochgerecktem Po. Sie reibt Köpfchen und Flanken am Körper des Begrüßten: eine ausgesprochen freundliche Geste. Sie wird von Kätzchen auch angewendet, um Futter von der Mutter zu erbetteln.

◆ Treteln während des Streichelns: frühkindlicher Verhaltensrest (Milchtritt). Er gilt als Liebeserklärung an den Menschen.

◆ Pfote heben. Die Katze zeigt die „Gelbe Karte". Sie warnt, bevor sie zuschlägt.

◆ auf die Seite rollen, „herumpfoten": Die Katze zeigt Spielbereitschaft

◆ auf den Rücken rollen: Aufforderung zum Kraulen. Vorsicht: Bei

Körpersprache der Katze (von links nach rechts): Verärgerung, gute Laune, Zuneigung signalisieren, Aufforderung zum Spiel oder zum Kraulen

Katzenkämpfen ist die Rückenlage eine effektive Abwehrstellung. Unter Umständen bricht dieser Abwehrreflex durch, und der Schmuser kratzt Sie mit den Hinterpfoten. Dies war dann keinesfalls böse gemeint! Manche Katzen rollen sich auch auf den Rücken, um vom Menschen Fellpflege durch sanftes Bürsten einzufordern. Nutzen Sie das ruhig aus – Ihrer Katze tut es gut. Fellpflege als Sozialkontakt ist übrigens im Katzenvolk weit verbreitet.

◆ „Vibrissenkuß": Die Katze fächert mit ihren Schnurrhaaren sanft Ihr Gesicht ab, ein Ausdruck von Zärtlichkeit.

◆ Köpfchen reiben: Die Katze reibt ihre Wange an Ihrem Körper oder einem Gegenstand. Dies bedeutet Markierungsverhalten. Das Tier parfümiert so seinen „Besitz" mit (für uns nicht riechbaren) Duftstoffen aus speziellen Drüsen in den Wangen

◆ „Erkennungskuß": Katzen begrüßen einander Nase an Nase. Wenn Ihre Katze mit ihrer Nasenspitze Ihre Nase berührt, heißt das: „Kompliment, du bist eine richtige Katze."

Lautsprache

Die Katze verfügt auch über eine umfangreiche Lautsprache

◆ „Miau": das Zauberwort für die „Zweibein-Katze". Untereinander sagen Katzen so gut wie nie „Miau". Im Umgang mit uns Menschen kann es Begrüßung sein, Forderung („ich brauche jetzt was zu futtern") oder auch Klage („keiner spielt mit mir").

◆ Schnurren: meist Ausdruck von Wohlbehagen und Zufriedenheit, manchmal auch Aufforderung zum Schmusen oder „Abschmeicheln" eines Leckerbissens. Manche Katzen schnurren ebenfalls, wenn sie Angst haben (etwa vor dem Tierarzt) oder Schmerzen leiden. Dann gilt das Schnurren als eine Art Beschwichtigungsversuch („tu mir nichts") oder Selbstermutigung und -trost.

◆ Fauchen; Spucken (ein Laut wie Peitschenknall): Erregte Abwehrdrohung

◆ Knurren: Ausdruck von Zorn und Ärger, Warnung vor dem Angriff. Aber nicht nur: Jagende Mutterkatzen schleppen die Beute knurrend ins Nest, und sie knurren unterschiedlich, je nachdem, ob es sich um eine harmlose Maus oder eine gefährliche Ratte handelt. Auch Wohnungskatzen verzehren ihr Futter gelegentlich unter Knurren, vor allem, wenn es sich um Bröckchen handelt, mit denen sie „Beute" spielen.

◆ „Schnattern", keckern: Die Stakkato-Lautfolge gibt eine Katze von sich, die ein schwer erreichbares Beutetier sieht. Gewagte Sprünge könnten folgen. Hoffentlich nicht ins gute Porzellan …

◆ „Plaudern", sanfte, gurrende Töne: Kater werben so vor der Paarung, Katzen antworten ebenso, wenn sie Gefallen an diesem Katzenmann finden. Mutterkatzen plaudern mit ihren Jungen. Liebevoll gehaltene Katzen „reden" auf diese Weise mit „ihrem" Menschen. Sie lassen ihn so wissen: „Ich habe dich als Katze akzeptiert."

Die perfekte Abwehrhaltung: gesträubtes Fell, Katzenbuckel und Fauchen

Ernährung

Katzenkinder haben einen „tierischen" Appetit. Von Anfang an. Schließlich müssen sie binnen kurzem ihr Geburtsgewicht vervielfachen. Über die Aufzucht und Ernährung mutterloser Katzenbabys habe ich bereits berichtet (s. S. 22 f.). Im folgenden soll es um die Ernährung der jungen Katze nach der Stillphase gehen.

Im Vergleich mit einem ausgewachsenen braucht ein noch im Wachstum befindlicher Stubentiger:

◆ mehr Kalorien pro kg/Körpergewicht (s. Übersicht S. 67)
◆ mehr Eiweiß
◆ mehr Mineralstoffe
◆ mehr Vitamine
◆ mehr Mahlzeiten pro Tag

Unser Tip

Fertigfutter für Katzenkinder sollten auch wirklich nur die Kleinen – jünger als 7 Monate – bekommen. Danach geht das Juniorfutter nämlich auf die Figur.

So wird der Katzentisch gedeckt

Fertigfutter

Die meisten Tierärzte plädieren heute für Fertignahrung aus der Dose. Wissenschaftler haben diese Kost so entwickelt, daß sie alle notwendigen Nahrungsbausteine enthält – genau im richtigen Verhältnis. Zusätzliche Vitamin- und Mineralstoffgaben sind dann nicht nötig. Inzwischen haben alle Hersteller Dosenfutter für Katzenkinder im Programm, abgestimmt auf den höheren Energie- und Proteinbedarf der Kleinen.

Trockenfutter darf auch auf dem Katzentisch stehen – vorausgesetzt, die Katze trinkt nach einer solchen Mahlzeit ausreichend (auf 10 g Trockenfutter die dreifache Menge Wasser). Wenn nicht, sollten Sie den „Knabberkram" lieber nur in kleinen Mengen als Leckerbissen geben.

Wichtig: Daß Sie Ihrer Katze natürlich täglich frisches Wasser zur Verfügung stellen, sollte für Sie selbstverständlich sein.

Kochen für die Katz

Natürlich können Sie auch für Ihr Katzenkind kochen. Auch eine Katze freut sich über gelegentliche Abwechslung im Speiseplan.

Am besten bieten Sie ihr wahlweise Fisch, Fleisch oder Geflügel zusammen mit gekochten Haferflocken oder Reis und fein zerdrücktem Gemüse (Babykost) an. Die vegetarischen Beilagen dienen nicht zum „Strecken" der Mahlzeit: In der Natur nimmt der Beutegreifer Katze ebenfalls pflanzliche Kost auf – mit Magen- und Darminhalt des geschlagenen Beutetiers.

Richtig ernährte Katzen haben kein Übergewicht

Leider kann man auch viele Fehler machen, wenn man das Futter seiner

Kalorienbedarf pro kg Körpergewicht	
Lebensalter	*kcal/kg Körpergewicht*
bis 1 Woche nach der Geburt	380
bis zur 5. Woche	250
bis zur 10. Woche	200
bis einschließlich 5. Monat	130
bis einschließlich 7. Monat	100
ab 8. Monat	80–100
Kastrierte Tiere	max. 80

Katze selbst zubereitet. Nachfolgend 12 häufige Ernährungssünden:
1. Ausschließliche Fleischfütterung: Die Katze bekommt zuwenig Kalzium und zuviel Phosphor. Skelett- und Gelenkschäden drohen.
2. Zuviel Leber: Es kommt zu einer Überversorgung mit Vitamin A (A-Hypervitaminose). Dies kann zu Knochenwucherungen, Verkrüppelungen und Lähmungserscheinungen führen. Jungtiere unter 1 Jahr sollten Leber gar nicht, erwachsene Katzen höchstens alle 14 Tage bekommen.
3. Tischreste: Sie enthalten zuviel Fett, zuwenig Eiweiß und sind zudem zu stark gewürzt. Neben Mangelerscheinungen drohen Ekzeme und Probleme mit der Bauchspeicheldrüse.
4. Hundefutter: Dies enthält, gemessen am Bedarf der Katze, zuwenig Vitamine, zu viele Mineralstoffe und zuwenig Eiweiß. Bei Dauerfütterung kommt es zu Taurinmangel. Erblindung, Herzbeschwerden und Schäden am Zentralnervensystem können im Extremfall die Folge sein.
5. Zuviel Thunfisch, Lebertran: Es drohen Vitamin-E-Mangel und Oxidation des Körperfetts (Gelbfettkrankheit). Als Bestandteil von Dosenfutter ist Thunfisch unbedenklich. Ansonsten reichen Sie ihn besser nur gelegentlich als Leckerbissen.

6. Zu hohe Vitamin- und Mineralstoffgaben: Es können Knochenschäden auftreten. Vitamin- und Mineralstoffgaben sollten Sie deshalb immer mit dem Tierarzt absprechen und auf die Vitamindeklaration beim Fertigfutter achten.
7. Vegetarische Ernährung: Erblindung durch Taurinmangel droht.
8. Süßigkeiten: Sie mögen Katzen zum Glück meist gar nicht. Bekommen sie dennoch Süßes, drohen Durchfälle, auch Zuckerkrankheit.
9. Milchprodukte und Fleisch in einer Mahlzeit: Das gibt Bauchgrimmen! Auch führt Kuhmilch bei Katzen oft zu Durchfall. Joghurt, Quark und Schichtkäse sind problemlos.
10. Fütterung von rohem Fleisch oder Fisch: Roher Seefisch kann Bandwurmfinnen enthalten, roher Flußfisch führt zu vermehrtem Abbau von Vitamin B_1. Bei Geflügel ist das Salmonellenproblem nicht zu unterschätzen. Rohes Schweinefleisch kann ein Virus enthalten, das Menschen zwar nicht schadet, für Katzen und Hunde aber tödlich ist (Aujeszkysche Krankheit). Das Virus wurde vereinzelt auch schon in Rindfleisch entdeckt.
11. „Angegammeltes" Futter, Knochen und Gräten: Der Verzehr von verdorbenem Fisch oder Fleisch

kann tödlich sein. Knochen und Gräten bergen Verletzungsgefahren für den Magen- und Darmtrakt.

12. Überfütterung: Sie macht fett, träge und lethargisch. Außerdem kann sie Schäden an Leber und Bauchspeicheldrüse verursachen. Ein Leckerbissen dann und wann ist natürlich nicht verboten. Sie rechnen ihn am besten auf die normale Nahrung an und meiden stark Geräuchertes oder mit Benzoe- oder Sorbinsäure Konserviertes.

Zahnsteinprophylaxe
Wenn Ihr Katzenkind größer wird, braucht es eine Herausforderung für die Zähne. Mit Trockenfutter ist es nicht getan. Bieten Sie Ihrem Junior einmal pro Woche mindestens pflaumengroße Fleischstücke (z.B. gekochtes Rinderherz) an oder gekochte Gurgelstücke mit Fleischresten daran. Damit hat das kleine Raubtier etwas zum „Abarbeiten" und gleichzeitig eine gute Prophylaxe gegen Zahnstein.

Wie viele Mahlzeiten täglich?

Bereits ab der 4. Lebenswoche beginnen junge Katzen neben der Muttermilch auch feste Nahrung aufzunehmen (s. auch S. 26 ff.). Im Alter von 5 Wochen benötigen sie 6 Mahlzeiten am Tag. Mit jedem Lebensmonat rechnet man dann eine weniger. Wenn die Kleinen mit ca. 12 Wochen in die neue Menschenfamilie wechseln, sollten sie täglich 4 Rationen bekommen. Ab etwa einem halben Jahr füttert man dann – wie bei erwachsenen Katzen – nur noch 2 Mahlzeiten pro Tag.

Natürlich kann die genannte Einteilung nur ein Richtwert sein, denn es gibt auch bei den Katzen verschiedene „Esser".

Die einen kommen heran, sobald das Futter serviert ist und spachteln alles auf einmal weg. Die anderen nehmen gelegentlich ein Häppchen und wenden sich zwischendurch anderen Dingen zu. Für letztere heißt die Lösung: Selbstbedienungsbüffet. Natürlich müssen Sie darauf achten, daß keine Reste im Napf verkrusten oder sauer werden. Besonders bei warmem Wetter gilt es, das Futter öfter mal auszuwechseln.

Krankheiten der kleinen Katze

Tips zur Gesundheitsvorsorge

Gar so zäh, wie der Volksmund uns glauben machen will, sind Katzen nicht, schon gar nicht Katzenkinder! Verlassen Sie sich also lieber nicht auf die sprichwörtlichen „sieben Leben". Andererseits besteht auch kein Grund zu übertriebenen Ängsten. Sie können eine Menge dafür tun, daß Ihre Katze gesund bleibt, wenn Sie einige Tips zur Gesundheitsvorsorge beachten:

▬ Impftermine wahrnehmen, einbis zweimal jährlich zur Untersuchung zum Tierarzt (allgemeiner Checkup). Dabei wird gleich die ganze Routine erledigt, z. B. Wurmkur und Zahnkontrolle.

▬ Auf die Augen achten! Kneift das Kätzchen ein Auge zu, besteht Verdacht auf Hornhautreizung. Sie ist sehr schmerzhaft und gehört umgehend in tierärztliche Behandlung. Auch wenn sich die Nickhaut, das „dritte Augenlid", über den sichtbaren Teil des Auges schiebt, ist Vorsicht geboten: Dahinter kann sich

eine schmerzhafte Bindehautentzündung, eine gefährliche Infektion oder sogar eine Vergiftung verbergen. Fremdkörper im Auge sollten Sie nur vom Tierarzt entfernen lassen!

▬ Verändertes Verhalten (Apathie, Aggressivität, Rückzug) ist immer ein Grund, den Tierarzt so schnell wie möglich aufzusuchen.

▬ Nutzen Sie die Erfahrung Ihres Tierarztes, wenn es darum geht, der Katze Salben, Tropfen oder Pillen zu verabreichen. Das wird er Ihnen viel besser erklären, als es in einem solchen Buch beschrieben werden kann.

▬ Auf Hygiene achten. Freßgeschirr vor jeder Mahlzeit reinigen, Trinkwasser täglich wechseln. Katzenklo täglich säubern.

▬ Bürsten und kämmen Sie Ihre Katze regelmäßig. Die Fellpflege wird auch von kurzhaarigen Vertretern (bei langhaarigen ist sie ein absolutes Muß!) gern angenommen. Sanftes Bürsten entfernt lose Haare – sie können dann nicht mehr beim Putzen verschluckt werden –, regt den Kreislauf an und ist eine gute Vorbeugung gegen Verstopfung!

■ Nicht des Guten zuviel tun! Baden Sie Ihr Kätzchen nur auf ausdrückliche Anweisung des Tierarztes. Das häufig empfohlene Krallenschneiden sollten Sie auch bleiben lassen. (Eine Krallenwetzgelegenheit und konsequente Ernährung schonen ihre Möbel wirksam). Zum Zähneputzen (mit Spezialmitteln) raten inzwischen zwar viele Tierärzte, doch nur wenige Katzen lassen sich diese „Maßnahme" gefallen. Gewaltanwendung sollte aber besser unterbleiben.

■ Streicheln hat ebenfalls einen hervorragenden Einfluß auf die Gesundheit ihrer Katze und auf Ihre eigene! Katzenkraulen wirkt blutdrucksenkend und nachhaltig entspannend für beide – Krauler und Gekraulte.

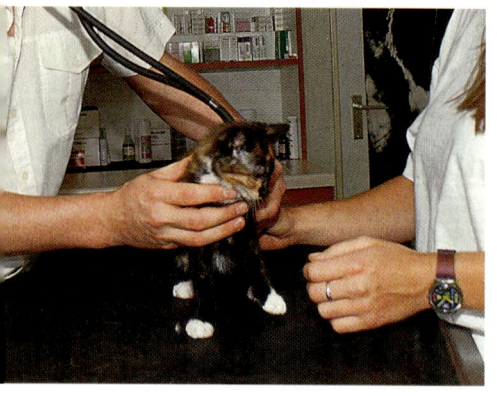

■ *Auch ein kleiner Frechdachs ist in der Praxis meist ganz brav*

Der richtige Katzendoktor

Schauen Sie sich rechtzeitig nach einem „katzenfreundlichen" Tierarzt um. Mundpropaganda von Katzenfreunden ist die beste Hilfe bei der Suche nach dem „Glücksfall". Zucht- und Tierschutzvereine können ebenfalls weiterhelfen. Natürlich müssen Sie sich auch Ihr eigenes Bild machen. Die Checkliste auf der rechten Seite zeigt Ihnen, worauf Sie bei Ihrer Wahl achten sollten.

Den letzten Punkt sollten Sie nicht unterschätzen – schließlich handelt es sich um eine Vertrauensstellung und den Vertrauensvorschuß müssen *Sie* leisten. Ihre Katze wird den Weißkittel in den seltensten Fällen lieben und gewöhnlich einigen Zirkus veranstalten, wenn sie auf den Behandlungstisch gesetzt werden soll.

Der Praxisbesuch

Es ist zwar schön, wenn Sie einen Tierarzt finden, der überhaupt Hausbesuche macht. Doch selbst dann sollten sie dem Notfall vorbehalten bleiben. Denn eine voll eingerichtete Praxis bietet mehr Möglichkeiten als das Besuchsköfferchen. Außerdem machen sich Katzen daheim am liebsten dünne, wenn ihnen jemand mit Instrumenten und Medikamenten auf die Pelle rückt. Oder sie reagieren aggressiv auf die „Revierverletzung". Sensible Katzen kann der „Eindringling" ins eigene Heim ziemlich verstören. Ich hab's bei meiner alten Garde erlebt – nach einer Impfbehandlung zu Hause reagierten sie monatelang mit Angst auf jeden Besucher. Da ist der Praxisbesuch das kleinere Übel. Damit dieser pannenfrei verläuft, hier noch einige Tips.

◆ Lassen Sie den Patienten im Wartezimmer nicht aus dem Transportkorb. Es könnte zu unliebsamen Bekanntschaften mit anderen Tieren kommen, und die Katze könnte sich mit einer ansteckenden Krankheit infizieren.

◆ Machen Sie sich einen Spickzettel, wenn Sie besondere Fragen an den Tierarzt haben oder ihm wichtige Beobachtungen (Symptome usw.) mitteilen wollen. (Nach meiner Erfahrung ist das Erinnerungsvermögen gleich Null, wenn man neben dem Behandlungstisch steht).

◆ Bei Durchfall oder Verdacht auf Parasiten bringen Sie am besten eine Stuhlprobe mit.

◆ Bleiben Sie ruhig. Angst und Nervosität übertragen sich nur zu leicht auf Ihr Tier.

C h e c k l i s t e   *Kriterien für eine gute Tierarztpraxis*

◆ *Schon beim Empfang begrüßt Sie freundliches Personal*

◆ *Für Ihre Katze wird sofort eine Karteikarte angelegt*

◆ *Tierarzt und Assistenten kennen die richtigen Griffe, kommen mit einem Minimum an Zwang aus*

◆ *Die Katze wird angesprochen, als „Person" behandelt*

◆ *Der Tierarzt erklärt, was er macht, und gibt verständliche Antworten auf Ihre Fragen*

◆ *Sie finden den Tierarzt sympathisch und vertrauen ihm Ihre Katze ohne inneren Widerstand an*

Was Katzenkinder wurmt – Parasiten

Würmer

Nicht nur verwahrloste, obdachlose Katzen leiden unter Wurmbefall. Die lästigen Endoparasiten machen auch vor der gepflegten Hauskatze nicht halt.
Am weitesten verbreitet bei Hund und Katze sind *Spulwürmer*. Bei starkem Befall finden sich oft auch einige Exemplare im Kot. Sie sind mit bloßem Auge als dünne, weißliche, ca. 10 cm lange Fäden erkennbar. Katzenkinder infizieren sich meist schon über die Muttermilch mit diesen Schmarotzern. Deshalb sollten die Kleinen bereits mit ca. 2–3 Wochen erstmals entwurmt werden – vom Tierarzt, nicht in Eigenregie. Falls Sie Ihr Kätzchen von einem Züchter gekauft haben, sollte in den Zuchtpapieren ein Vermerk über die durchgeführte Wurmkur stehen. Haben Sie ein Kätzchen unbekannter Herkunft adoptiert, geht es ohnehin so schnell wie möglich zur Entwurmung beim Tierarzt.
Für Katzen mit freiem Auslauf ist 3- bis 4mal im Jahr eine Wurmkur fällig, bei Wohnungskatzen reichen ein bis zwei Behandlungen pro Jahr.

Wichtig: Jede Entwurmung muß nach 3 Wochen wiederholt werden, um auch nachwachsende Parasiten sicher zu „erwischen".

Die Gefahr eines Wurmbefalls läßt sich übrigens deutlich verringern, wenn man folgende Punkte beachtet:
◆ Kein rohes Fleisch, keinen rohen Fisch füttern! Beides kann Bandwurmfinnen enthalten. Katzen, die Mäuse fangen, können sich mit ihrer „Vollkost" ebenfalls Bandwürmer einhandeln.
◆ Katzenklo täglich reinigen! Bei Wurmbefall die Streuwanne mit einem milden Desinfektionsmittel ausschrubben.
◆ Katze flohfrei halten! Flöhe treiben Katzenkinder nicht nur zu wahren Kratzorgien, sie sind auch Zwischenwirte für Bandwürmer. Zudem kann Flohbefall zu Hautkrankheiten führen (Floh-Dermatitis).

Hautparasiten

Wenn Ihre Katze sich sehr häufig kratzt, könnten neben *Flöhen* (siehe S. 75) auch *Läuse, Haarlinge* oder *Milben* die Ursache sein. Allerdings kommen die winzigen, nur bis zu 1,5mm großen, *Haarlinge* und *Läuse* bei gepflegten Katzen nur sehr selten vor. Während sich *Haarlinge* von

Floh   Zecke

Hautschuppen ernähren, sind *Läuse* Blutsauger. Sie kleben ihre Eier (Nissen) einzeln an den Haaren ihres Wirtes fest, wo sie als kleine weiße Pünktchen auffallen.

Der Verdacht auf *Milben*befall besteht auch, wenn die Katze sehr oft ihre Ohren schüttelt, den Kopf schiefhält oder unangenehm aus den Ohren riecht. Je nach Milbenart und Stärke des Befalls können sich auch Fellveränderungen zeigen. Eine sichere Diagnose kann nur der Tierarzt stellen. Ihm sollten Sie auch die Behandlung dieser nur bis zu 0,5mm großen Schmarotzer überlassen.

Ein weiterer Hautparasit, den Katzen mit Freilauf „gerne" von ihren Ausflügen mitbringen, ist die *Zecke*. Sie kann im prall gefüllten Zustand Erbsengröße erreichen.

Unser Tip

Zecken können Sie mit einer Zeckenpinzette (im Fachhandel erhältlich) selbst entfernen.

Flöhe

Haben Sie den Verdacht, Ihr Kätzchen habe Flöhe, so bringt folgender kleiner Test Gewißheit:

Stellen Sie Ihre Katze auf ein weißes Blatt Papier, und rubbeln Sie sie liebevoll durch. Hat sie Flöhe, so fallen dunkle Krümel aus dem Fell, die beim Verstreichen mit feuchtem Finger eine rötlich-braune Spur hinterlassen: Flohkot. Lassen Sie sich vom Tierarzt ein geeignetes Mittel geben, und verfahren Sie nach seiner Empfehlung.

Wichtig: Auch die Umgebung des Stubentigers muß systematisch „entfloht" werden. Das heißt für Sie: täglich staubsaugen, Staubsaugerbeutel mit Flohpulver beladen, Katzenkorb mit Umgebungsspray einsprühen, Gardinen und Vorhänge bis zu 1 m Höhe ebenfalls. Schlafunterlagen der Katze wie Decken und Kissen sollten Sie häufig waschen. Ausdauer zu zeigen, ist beim „Flohkampf" besonders wichtig.

Infektionen

Einem Angriff auf das Immunsystem haben Katzenkinder aus eigener Kraft noch gar nichts entgegenzusetzen. Deshalb sind Infektionskrankheiten

besonders gefährlich für sie. Zwar erhalten Neugeborene mit der Kolostralmilch (s. auch S. 20) eine Art Schutzimpfung von ihrer Mutter, doch sind sie damit nur gegen Infekte geschützt, gegen die auch die Mutter Antikörper gebildet hat.

Wichtig: Katzenbabys bis zu 2 Monaten sollten von Katzenansammlungen (Katzenausstellungen, Tierpensionen o. ä.) ferngehalten werden. Züchter schicken in dieser Zeit auch ihre anderen Katzen besser nicht auf Ausstellungen, denn Krankheitskeime „reisen" schnell.

An welchen Infektionskrankheiten Katzen vor allem erkranken, darüber gibt die Tabelle auf Seite 79 vorab einen kurzen Überblick.

Katzenseuche und Katzenschnupfen

Diese beiden Infektionskrankheiten bedrohen vor allem junge Katzen. Die Krankheitssymptome der Katzenseuche sind Mattigkeit, Fieber, Erbrechen und Durchfall. Da die Katze auch keine Flüssigkeit aufnimmt, kommt es schnell zur lebensbedrohlichen Austrocknung. Die Sterblichkeitsrate beträgt bei Jungtieren über 90%. Das Virus ist äußerst langlebig und kann

Die geschwollenen Augenlider deuten auf eine Erkältung hin – schnell zum Tierarzt

sogar über die menschliche Kleidung oder Schuhe eingeschleppt werden. Die Erreger des Katzenschnupfens sind Herpes- und Calciviren. Die Symptome sind die eines starken Schnupfens: Niesen, Schwellung der Augen- und Nasenschleimhäute, Fieber. Infizierte Tiere fressen und trinken nicht mehr, es droht Austrocknung. Meist kommt es durch die Schwächung des Organismus zusätzlich zu Sekundärinfektionen.

Wichtig: Gegen beide Infektionen müssen Jungtiere unbedingt geimpft werden (s. Impfplan S. 81). Manche Tierarztpraxen verschicken auch Impf-Erinnerungen.

Weitere Infektionskrankheiten

Chlamydien
Diese bakterielle Infektion führt zu
schweren Bindehautentzündungen,
Fieber, Husten und eitrigen Abson-
derungen aus der Nase. Chlamydien
können vor allem in Zuchten, Tierheimen und Tierpensionen zum Problem werden, also überall dort, wo
viele Katzen auf engem Raum leben.
Einige dieser Erreger können auch
dem Menschen gefährlich werden.

Tollwut
Nicht nur Füchse, sondern auch kleine Nager (bevorzugte Beutetiere von
Katzen!) können von der Seuche
befallen sein und andere Tiere an-
stecken. Besonders tollwutgefährdet
sind freilaufende Katzen in ländlichen
Gegenden. Symptome der Krankheit
sind: Speichelfluß, Muskelkrämpfe,
Lähmungserscheinungen. Tollwut
kann man nicht behandeln, und sie
führt immer zum Tod.

Unser Tip

Die Impfung gegen Chlamydien
kann mit der Impfung gegen
Panleukopenie und Katzen-
schnupfen kombiniert werden.

Wichtig: Tollwutgefährdete Katzen
unbedingt impfen lassen! Bei Aus-
landsreisen ist die Tollwutimpfung
obligatorisch.

Leukose (Katzen-Leukämie)
Erreger dieser Blutkrankheit ist das
Feline Leukämie-Virus (FeLV). Manche Tiere überwinden die Infektion
und werden immun, andere werden
zu Dauerausscheidern des Virus und
„streuen" so die Krankheit weiter.
Tiere, bei denen die Infektion aus-
bricht (die Inkubationszeit ist sehr
lange), zeigen kein charakteristisches
Krankheitsbild. Das gesamte Allgemeinbefinden ist gestört, sie krän-
keln. Ob die – inzwischen zum Glück
mögliche – Leukose-Impfung im Fall
Ihrer Katze sinnvoll ist, wird Ihr
Tierarzt Ihnen sagen. Unter Umständen rät er Ihnen zu einem Leukose-
Test.

*Bauchwassersucht (FiP, Feline infek-
tiöse Peritonitis)*
Auslöser ist ein Coronavirus. In der
Bauchhöhle sammelt sich Flüssigkeit,
es kommt zu Fieber, Funktionsstö-
rungen der Bauchorgane und der
Lungen und zu Augenveränderungen.
Eine Heilbehandlung gibt es nicht,
der Tierarzt kann lediglich die Symptome lindern. Tests auf FiP sind der-

Die Infektionskrankheiten der Katze

Infektion	Erreger	Übertragungsweg	Krankheitsverlauf
Katzenseuche	Virus (sehr ansteckend)	direkter und indirekter Kontakt (z. B. gemeinsame Futterschüsseln, Kot infizierter Katzen)	für Jungkatzen in der Regel tödlich
Katzenschnupfen	Herpes- und Calciviren	direkter Kontakt mit infizierter Katze, Tröpfcheninfektion	für Jungkatzen oft tödlich
Chlamydien	Bakterien	Tröpfcheninfektion	mit Antibiotika heilbar
Leukose	Virus	wie Katzenseuche	chronisch, unheilbar
Infektiöse Bauchwassersucht (FiP)	Virus	wie Katzenseuche	chronisch, unheilbar
Immunschwäche (FIV)	Virus	Bisse infizierter Katzen	chronisch, unheilbar
Tollwut	Virus	Kontakt mit Speichel infizierter Katzen	tödlich
Aujeskysche Krankheit	Virus	Verzehr von rohem, infiziertem Schweinefleisch	tödlich
Toxoplasmose (für Menschen u. U. gefährlich s. Text)	Einzeller	u.a. Verzehr von rohem Fleisch, Eiern (s. Text)	meist unbemerkt

zeit noch problematisch, Ihr Tierarzt wird Ihnen mehr dazu sagen.

„Katzen-Aids" (FIV)

Die unheilbare Immunschwäche (ausgelöst durch das sogenannte Feline Immundifizienz Virus) wird vor allem durch Bisse übertragen, z.B. bei Revierkämpfen. Die Krankheit führt zu Schäden an allen Organsystemen und schließlich zum Tod. Eine Impfung wird noch auf sich warten lassen. Die einzig mögliche FIV-Vorbeugung ist derzeit die: Kater kastrieren lassen! Bei der Verbreitung von „Katzen-Aids" spielen nämlich aggressive, unkastrierte Streuner leider eine nicht geringe Rolle.

Wichtig: Menschen und andere Tiere sind durch FIV nicht gefährdet. Nur Katzen können sich mit „Katzen-Aids" infizieren. Auch für „Katzen-Leukämie" (FeLV) und FiP gilt: keine Gefahr für Menschen!

Toxoplasmose

Sie ist eine weitverbreitete Infektion und zeigt bei Mensch und Tier ähnliche Symptome wie ein leichter grippaler Infekt. In der Regel verläuft die Erkrankung unerkannt und bedarf keiner Behandlung. Eine ernstzunehmende Bedrohung stellt sie allerdings für schwangere Frauen, genauer gesagt für das ungeborene Baby dar. Die Hauptansteckungsquelle für den Menschen ist der Verzehr von rohem bzw. ungenügend erhitztem Fleisch oder rohen Eiern. Aber auch infizierte Katzen scheiden mit dem Kot Dauerstadien (sogenannte Oocysten) des Erregers aus, die sehr langlebig und ansteckend sind.

Impfungen

Gegen welche Infektionskrankheiten Sie Ihre Katze durch eine Impfung schützen können und wann die einzelnen Impfungen zu erfolgen haben, zeigt der nachfolgende Impfplan.

Impfplan

Infektions-krankheit	Erstimpfung	Wiederholungs-impfung	Auffrischung
Katzenseuche	8.–9. Woche	nach 2–3 Wochen	alle 2 Jahre
Katzenschnupfen	8.–9. Woche	nach 2–3 Wochen	jährlich
Chlamydien	8.–9. Woche	nach ca. 4 Wochen	nach ca. 4 Wochen
Leukose	8.–9. Woche	nach 4 Wochen	jährlich
FiP	ab 16. Woche	nach 4 Wochen	jährlich
FIV	keine	Impfung	möglich
Tollwut	ab 12. Woche	keine	jährlich
Aujeszkysche Krankheit	keine	Impfung	möglich

Durchfall

Nicht hinter jedem Durchfall muß eine gefährliche Infektion lauern. Durchfälle kommen im zarten Alter relativ häufig vor. Saugende Kätzchen bekommen mitunter Verdauungsprobleme, weil die Mutter wieder rollig geworden ist und sich die Hormone in der Muttermilch verändert haben. Entwöhnte Kätzchen reagieren auf eine Futterumstellung leicht mit Durchfall. In solchen Fällen bieten Sie den Kleinen am besten etwas Haferschleim oder Kartoffelpüree an. Wenn aber das Allgemeinbefinden der Katze gestört ist, sie beispielsweise nichts frißt, apathisch ist oder Fieber hat, muß sie natürlich zum Tierarzt. Auch bei länger anhaltendem Durchfall oder Erbrechen muß der Tierarzt helfen, denn es besteht Austrocknungsgefahr.

Aus Kätzchen werden Katzen

Ein 3 Wochen altes Kätzchen ist ein Baby, ein 4 bis 5 Wochen altes zwar auch noch, aber gleichzeitig bereits Schulkind mit einem enormen Lernpensum. Für 8 Wochen alte Kätzchen ist der Familienverband Kindergarten und College zugleich. Mit 3 Monaten sind Katzenkinder reif für die Selbständigkeit, den Schritt in die neue Familie, wo sie wiederum eine Kinderrolle spielen. Die „Verkindlichung" unserer Haustiere ist ein Effekt der Domestikation und Schlüssel für ihre enge Bindung an uns Menschen. Sie ist außerdem Voraussetzung dafür, daß unsere Katzen neugierig und lernbereit bleiben. Reifeprozesse finden natürlich trotzdem statt.

Die Halbstarken

Legt man die körperliche Entwicklung zugrunde, gelten Katzen bis zu einem Alter von 6, 7 Monaten als „Kinder". Freilebende Katzenfamilien (auf Bauernhöfen etwa) lösen sich meist erst auf, wenn die Kleinen dieses Alter erreicht haben.

Die Pubertät kommt ins Spiel – buchstäblich, denn die Verfolgungsjagden und Rangeleien (auch unter Katern) nehmen immer häufiger sexuell gefärbten Charakter an.

Wenn der Trieb erwacht ...

Mit etwa 8 Monaten wird es langsam ernst. Machen Sie lieber kein Kreuz im Kalender, Abweichungen sind bei den Individualisten unter den Haustieren mehr als wahrscheinlich. Der Eintritt der Geschlechtsreife kann auch von der Rasse abhängen. Siamesen und andere kurzhaarige Orientalen sind in der Regel „frühreif", Langhaarkatzen brauchen länger. Sie können den Zeitpunkt jedenfalls nicht verpassen, die Anzeichen sind eindeutig.

... beim Kater

Kater tigern unruhig umher, bei Wohnungshaltung drängen sie jetzt ins Freie. Sie werden „launisch", die Hormone machen Stimmung. „Sportskumpel" verfolgen einander in eindeutiger Absicht: Jeder versucht den anderen zu decken – Nackenbiß,

„Aufreiten" und grollendes Geschrei inklusive. Außerdem liegt trotz Katzenklo-Hygiene ein ganz besonderer Duft in der Luft. Die Potenz-Botschaft des Kater-Urins kann keine noch so patente Streu absorbieren. Zusätzlich beginnt der „Jungmann" zu markieren, d.h., er versprüht an bestimmten Stellen – in der Wohnung macht er keine Ausnahme – Urin.

Wichtig: Die sexuelle Aktivität des Katers beschränkt sich nicht auf bestimmte Brunstzeiten. Freilaufende Kater haben zwar im Februar/März und im Sommer sexuelle Hoch-Zeiten, sie „können" aber immer. Vorausgesetzt, sie finden eine paarungsbereite Katze. Die Chancen sind zu den genannten Zeiten besonders groß. Dann nämlich kommen aufgrund der zunehmenden Tageslänge und steigender Temperaturen besonders viele Katzen in die Brunst.

… bei der Katze

Kommt eine Katze in die Bar und maunzt: „Einen doppelten Whisky bitte, aber dalli!" – „Welche Marke denn?" – „Egal, Hauptsache ich krieg' davon einen Kater …" Zugegeben, der Witz hat einen Bart. Aber einen wahren Kern. Eine Katze „fragt" unverblümt nach dem Kater, wenn sie brünstig ist. Unerfahrenen Tierfreunden allerdings drängt sich der Eindruck auf, ihre Samtpfote sei schwer krank. Sie wirkt unruhig und angespannt, gurrt wie ein ganzer Taubenschlag, schreit, „singt" und wälzt sich am Boden hin und her – ganz offensichtlich vor Schmerzen. Jeder Tierarzt kann von entsprechenden Anfragen besorgter „Katzenanfänger" berichten. Nein, krank ist die Katze nicht, allenfalls „liebeskrank". Sie zeigt gesteigertes Zärtlichkeitsbedürfnis, umtänzelt ihren Menschen mit hochgerecktem Schwanz und

Vom 3. bis zum 6. Lebensmonat verändern sich Kätzchen beträchtlich. Das „Kindliche" weicht langsam dem Raubtier-Appeal

„präsentiert" ihr Hinterteil. Möglicherweise setzt sie auch außerhalb des Katzenklos Harn ab, und der duftet auch nicht gerade wie Veilchen … Das Auf-dem-Boden-Wälzen hat für einen bildhaften Fachausdruck gesorgt: Bei der paarungsbereiten Katze spricht man von Rolligkeit. Hat sie Freilauf, wird sie zwei bis dreimal im Jahr rollig, jeweils für etwa 1 Woche. Wohnungskatzen geraten öfter in Hitze, bei manchen kommt es zur Dauerbrunst.

Die Last mit der Lust

Strenge Gerüche, nervenaufreibende Geräusche: Ganz schön lästig, die Sache mit dem Katzen-Sex. Am besten, Sie vereinbaren so bald wie möglich einen Kastrationstermin mit Ihrem Tierarzt. Sie zögern? Kastration ist schließlich „unnatürlich" … Stimmt. Was aber passiert, wenn Sie der Natur ihren Lauf lassen? Nichtkastrierte Kater sind selten anhängliche Hausgenossen. Haben sie Freilauf, so lassen sie sich bei ihren Menschen recht selten blicken – sie haben ja „Besseres zu tun". Nicht selten kommen sie irgendwann überhaupt nicht mehr heim, denn auf ihren Streifzügen lauern viele Ge-

fahren (Autos, Jäger, gefährliche Hunde etc.). Katzen finden die Kater-Duftmarken himmlisch, für Menschennasen stinkt der mit Geschlechtshormonen angereicherte Urin höllisch. Fruchtbar belassene Katzen stellen ihre Besitzer mindestens zweimal im Jahr vor die Frage: Wohin mit dem Katzennachwuchs? Alle Tiere selbst behalten – das gefällt nicht einmal sehr sozialen Katzen. Selbst ausgesprochen gesellige Tiere brauchen eine Rückzugsmöglichkeit. Davon abgesehen geht́s auch ziemlich ins Geld.
Immer wieder verantwortungsvolle Abnehmer für die Kleinen zu finden, dürfte auf Dauer ebenso unmöglich werden. Die letzte Alternative:

Potenz-Botschaft: Duftprobe Marke „Raubtierhaus"

„Überzählige" Kätzchen töten lassen. Auch wenn's beim Tierarzt auf humane Weise passiert – „natürlicher" als die Ausschaltung des Fortpflanzungstriebes ist es auch nicht.

Die Wohnung ist kein Katzen-Kloster

Wer nun behauptet, er müsse seine Wohnungskatze nicht kastrieren lassen, da sie ohnehin nicht mit dem anderen Geschlecht zusammenkomme, der liegt völlig falsch. Gerade reine Wohnungskatzen sollten unbedingt kastriert werden, und das nicht nur wegen der Belästigung durch Gestank und Geschrei:

◆ Die Tiere bleiben ihrem Trieb ausgeliefert, ohne ihn stillen zu können. Das macht unglücklich, depressiv, neurotisch, aggressiv.

◆ Sie fühlen sich in ihrem Heim nicht mehr wohl, sondern nutzen jede Möglichkeit zur Flucht: Vom Trieb „getrieben" …

◆ Daß es ihnen nicht gutgeht, sieht man ihnen auch an: Der Pelz ist struppig und glanzlos, die Katzen sind anfälliger für Hautprobleme, haben generell weniger Abwehrkräfte.

◆ Fruchtbar belassene Katzen neigen – wie auch „nur" sterilisierte – verstärkt zu Gebärmuttervereiterungen und Zitzenentzündungen.

Kastration – die bessere Alternative

Mit der Kastration werden all die angesprochenen Probleme, die mit der Katzensexualität in Zusammenhang stehen, unwiederbringlich aus der Welt geschafft. Der Eingriff ist für einen guten Kleintierarzt ganz normale Routine. Das Tier merkt nichts, denn es bekommt eine Vollnarkose. 12 Stunden vor der Operation gibt es deshalb für den Patienten nichts mehr zu futtern.

Unser Tip

Füllen Sie das Katzenklo nach der Operation für einige Tage mit einer „Streu" aus kleingerissenen Papiertüchern. So kann kein Streusteinchen in die Wunde geraten und dort eventuell Abszesse verursachen.

Beim Kater werden die Hoden ausgeschält. Der Eingriff selbst dauert kaum eine Viertelstunde. Da fallen die Narkose-Nachwirkungen beinahe schwerer ins Gewicht. Der Kater hat zuerst Schwierigkeiten, sich auf den Beinen zu halten, aber schon am übernächsten Tag ist er wieder ganz

Kastrierte Tiere werden ruhiger; träge werden müssen sie nicht

der alte: Freilich ohne das berühmte „Parfüm" Marke Raubtierhaus. Falls er sonst Freilauf genießt, sollte er jetzt 2 bis 3 Tage nicht nach draußen, damit sich nichts infizieren kann.
Bei der Katze werden die Eierstöcke entfernt. Manche Tierärzte entfernen auch die Gebärmutter, um möglicherweise in der Zukunft auftretende Gebärmutterentzündungen zu verhindern. Der Eingriff dauert etwas länger als die Operation des Katers, die Erholungszeit auch. „Freiläuferinnen" sollten ein paar Tage im Haus bleiben. Keine Sorge, die Katze ist bald wieder munter wie eh und je. Aber die „Gesänge" sind Vergangenheit …

Schlanke Linie ade?

Kastrierte Katzen und Kater werden fett und träge. Das jedenfalls hört man immer wieder, und manchmal sieht man's leider auch. Aber die Gewichtszunahme rührt nicht von der Kastration her, sondern vom Füttern! Kastrierte Tiere kommen nämlich mit weniger Nahrung aus. Die Übersicht auf Seite 67 zeigt die Durchschnittswerte. Aber natürlich ist jedes Tier ein Individuum. Reduzieren Sie deshalb nicht gleich auf Verdacht drastisch, sondern haben Sie ein Auge auf die Katzentaille und hängen Sie bei Bedarf den „Brotkorb" höher…

Der richtige Zeitpunkt

Ganz einig sind sich die Experten über den besten Zeitpunkt für die Kastration nicht. Die meisten empfehlen, den Eintritt der Geschlechtsreife abzuwarten, weil dann das Uro-Genitalsystem voll ausgebildet ist. Eine Katze sollte also einmal rollig gewesen sein. Beim Kater heißt es abwarten, bis die neue Entwicklung „ruchbar" wird.

Wichtig: Mit dem Kater müssen Sie unbedingt rechtzeitig zum Tierarzt, damit das „richtige" Spritzen gar nicht anfängt!

Ninja, B. B. und auch die Kater meiner „alten Garde" sind nach dieser Methode kastriert worden, und es hat keinerlei Probleme gegeben.
Inzwischen plädieren viele Tierärzte dafür, den Eingriff schon bei 4 bis 5 Monate alten Katzen oder Katern durchzuführen. So bildet sich erst gar kein Sexualverhalten aus, Geruchs- und Geräuschbelästigung entfallen völlig. Neueren Untersuchungen zufolge ist es eher unwahrscheinlich, daß die weitere körperliche Entwicklung durch die frühe Operation gestoppt wird. Beraten Sie sich mit Ihrem Tierarzt!

Nicht empfehlenswert: Sterilisation und „Pille"

Sterilisation

Bei der Sterilisation werden dem Kater die Samenstränge durchtrennt und der Katze die Eileiter. Damit wird eine Schwangerschaft zwar sicher ausgeschlossen, die Tiere bleiben aber sexuell aktiv, mit all den negativen Begleiterscheinungen: Rolligkeit, Markieren, Katerkämpfe, nächtliches „Hochzeitsgeschrei". Schon aus diesem Grund ist die Sterilisation abzulehnen. Die meisten Tierärzte sind aber vor allem aus folgendem Grund

gegen diesen Eingriff: Es hat sich – wie bereits erwähnt – gezeigt, daß sterilisierte Katzen im Gegensatz zu kastrierten verstärkt zu Gebärmutter- und Zitzenentzündungen neigen.

Die „Pille" für die Katz

Sie wirkt, d.h., sie verhindert die Rolligkeit, vorausgesetzt, die Katze schluckt sie auch. Sinnvoll ist sie freilich nur für Zuchtkatzen, die eine Weile lang nicht rollig werden sollen. Als Verhütungsmittel für ein ganzes langes Katzenleben ist sie wegen möglicher Nebenwirkungen (Gebärmutterprobleme, u.U. auch Diabetes) nicht zu empfehlen.

Die Katze in der Rechtsprechung

Das Auge des Gesetzes wacht auch über Katzen. Das deutsche Tierschutzgesetz vom 1.1.1987 spricht erstmals vom Tier als „Mitgeschöpf". Es verbietet, Tiere „ohne vernünftigen Grund" zu töten, ihnen Schmerzen, Leiden oder Schäden zuzufügen. Speziell auf die Katze bezogen heißt das: In Deutschland verboten ist
◆ das Töten überzähliger Jungtiere durch Nichtfachleute, das auf dem Land noch immer praktiziert wird
◆ die Amputation der Vorderkrallen zum Schutz der Wohnungseinrich-

tung (eine Unsitte, die glücklicherweise auch in ihrem Ursprungsland USA aus der Mode kommt)
◆ das Vernachlässigen (z.B. durch nicht ausreichende Fütterung)
◆ das Aussetzen (kann mit 10000 DM Bußgeld geahndet werden).

Die Rechtsprechung beginnt, der geänderten Grundeinstellung zum Tier Rechnung zu tragen. So dürfen Autofahrer auf die Bremse treten, wenn ein Tier über die Straße läuft. Anders als früher werden auch Tierarztkosten nach Unfallverletzungen nicht mehr ausschließlich nach dem „Zeitwert" (im Fall eines verletzten Katers von einem Amtsgericht mit lächerlichen 20 DM veranschlagt) erstattet.

Das unfreundliche Auge des Gesetzes

Obwohl das neue Tierschutzgesetz bereits einige Verbesserungen gebracht hat, hält die deutsche Rechtsprechung aber auch noch ausgespro-

chen unerfreuliche Paragraphen für die Katze bereit. Zum Beispiel das Jagdrecht. Es erlaubt dem Jagdberechtigten, Katzen die sich mehr als (je nach Bundesland) 200 oder 300 Meter vom nächsten Haus entfernt haben, als „wildernd" abzuschießen. Ist die Katze gerade im Begriff, etwa auf ein Karnickel loszugehen, darf der Jäger auch innerhalb dieser Schutzzone schießen. Auch dürfen sich freilaufende Katzen zwischen dem 15. März und 15. August sowie bei geschlossener Schneedecke nicht in Gärten, Obstgärten, auf Friedhöfen, in Parks und ähnlichen Anlagen sehen lassen. Wird eine Katze dort erwischt, erlaubt § 16 der Naturschutzverordnung, sie „unversehrt zu fangen" und an die Ortspolizei abzuliefern. Wird sie dort nicht innerhalb von drei Tagen abgeholt, kann sie auf Kosten des Eigentümers getötet werden. Die Verordnung – zum Schutz bodenbrütender Vögel gedacht – ist inzwischen zwar in den meisten Bundesländern aufgehoben, nicht aber in Hamburg und Berlin.
Gefährlich für Katzen (selbst für geimpfte!) ist auch im Viehseuchengesetz die Verordnung zum Schutz gegen Tollwut: Werden frei umherlaufende Katzen in Wildtollwutbezirken

angetroffen, dürfen sie von den zuständigen Behörden oder Jägern eingefangen oder – falls das nicht möglich ist – getötet werden.

Mancher Ärger ist vermeidbar

Das Auge des Gesetzes schaut zwar recht streng auf freilaufende Katzen. Manchen Kummer und Ärger freilich kann der Katzenhalter umgehen: Beispielsweise, indem er verhindert, daß die Katze den Sandkasten auf dem Kinderspielplatz als riesengroßes Klo benutzt. Das Landgericht Hamburg (Az.: 316 S 116/91; Az.: 48 C 1796/90) mahnte in einem solchen Prozeß ausdrücklich die „Aufsichtspflicht des Katzenhalters" an. Es gab zwar der Klage auf Abschaffung des Tieres nicht statt, weil die Häufigkeit der Sandverschmutzung nicht feststellbar war und eine Unterlassungsklage ausgereicht hätte. Wenn sich aber ausgerechnet Ihre Katze nachweisbar im Kinderspielsand erleichtert, kann sie per Gerichtsbeschluß daraus verbannt werden, und Sie sind dran wegen „Aufsichtspflichtverletzung". Besser also, Sie haben von vornherein ein liebevolles Auge auf den Freiläufer und halten ihn von verbotenen Stellen fern – notfalls, indem Sie seinen Freilauf begrenzen. Im übrigen: Wenn Sie guten Willen

Katzenkrallen: manchmal ein Fall für die Privathaftpflicht

und Verständnis für berechtigte Beschwerden zeigen, kommt das auch der Katze zugute. Es wäre doch zu schade, wenn Ihr Tier als Feindbild herhalten müßte ...

Katzen im Mietrecht

Ihr Mietvertrag verbietet Tierhaltung? Dann schaffen Sie sich lieber keine Katze an, denn die Rechtsprechung ist hier leider nicht eindeutig! Einig sind sich die Experten nur darin: Anders als die Haltung von Kleintieren wie Meerschweinchen, Hamster oder Wellensittich, unterliegen Katzen- und Hundehaltung in Deutschland der Genehmigungspflicht des

Vermieters. Wer seine Katze allerdings nur in der Wohnung hält, kann im Katzen-Verbot eine Beschränkung seines Rechts auf ungestörte Entfaltung der Persönlichkeit sehen, zumal „durch 1 oder 2 Katzen weder Nachbarn belästigt werden, noch die Wohnung stark abgenutzt wird." In diesem Sinne haben z. B. die Amtsgerichte Hamburg-Harburg (Az.: 613 C 452/82) und Würzburg (Az.: 13 C 258/82), sowie die Landgerichte Ulm (Az.: 1 S 200/82-01) und München (Az.: 15 S 265/84) geurteilt. Sie verlangten von klagenden Vermietern oder Nachbarn Nachweise wirklicher Belästigung und erklärten die Verbotsformel allein für unwirksam. Andere Gerichte kommen jedoch zu gegenteiligen Urteilen.

Wichtig: Ein Grundrecht auf Tierhaltung gibt es laut Bundesverfassungsgerichtsurteil (Az.: I BvR 126/80) nicht.

Was ein Katzenhalter sonst noch wissen sollte

Im folgenden finden Sie noch einige gesetzliche Regelungen und Richtersprüche rund um das Thema „Katze und Recht".

■ **Katzen in Nachbars Garten:** Mancher Gartenbesitzer schätzt den Besuch fremder Katzen nicht, vor allem, wenn er Vogelfreund ist. Bei Gericht hat er mit einer Klage allerdings „schlechte Karten". Vom Amtsgericht Bonn (Az.: 11 C 463/84) über das Amtsgericht Rheinberg (Az.: 10 C 415/91) bis zum Oberlandesgericht Celle (Az.: 4 U 64/85) sind Entscheidungen ähnlich ausgefallen: Der Gartenbesitzer muß es dulden, wenn Katzen „im herkömmlichen Umfang" sein Terrain passieren, auch wenn sie dabei mal einen Vogel fangen ...

■ **Im Falle eines Versicherungsfalles:** Katzen richten zwar im allgemeinen keine großen Schäden an, aber unglückliche Zufälle gibt es immer: Die teure Seidenbluse der

---

Unser Tip

Bei der Schärfe, mit der heutzutage Nachbarschaftsstreitigkeiten ausgetragen werden, empfiehlt es sich nicht, auf das „Wegerecht" zu pochen: Zu leicht könnte die Katze die Leidtragende sein. Einigen Sie sich lieber im Guten mit Ihren Nachbarn – und begrenzen gegebenenfalls den Auslauf Ihrer Katze.

Freundin kriegt einen Ratscher oder der Radfahrer stürzt beim Versuch, der Katze auszuweichen und verrenkt sich den Fuß. In solchen Fällen springt die private Haftpflichtversicherung ein. Da sich die Bedingungen der einzelnen Versicherer unterscheiden und auch immer mal wieder ändern, sollten Sie sich genau erkundigen.

■ **Fundkatzen:** Wer eine Katze findet, kann sie nicht einfach behalten. Der Fund muß angezeigt werden. Hat sich der Eigentümer nach einem halben Jahr nicht gemeldet, darf man sich selbst als Besitzer betrachten.

■ **Regeln für die letzte Ruhe (das Tierkörperbeseitigungsgesetz):** Wer eine tote Katze findet, muß das der Gemeindeverwaltung (oder bei der Polizei) melden. Die Tierkörperverwertungsanstalt kümmert sich dann darum. Eine tote Katze (auch wenn es das eigene Tier ist) selbst zu beerdigen, ist aus seuchenhygienischen Gründen verboten. Wer einen eigenen Garten hat, darf jedoch die verstorbene Katze dort unter einer Erdschicht von mindestens 50 cm begraben, vorausgesetzt, der Garten liegt nicht in einem Wasserschutzgebiet. Sonst bleibt als Alternative noch der Tierfriedhof oder das Kleintierkrematorium.

Nachwort

Mit einem $^3/_4$ bis zu 1 Jahr sind aus den Kätzchen Katzen geworden, junge Erwachsene sozusagen. Ihre endgültige Körpergröße erreichen Katzen mit 2, Kater oft erst mit 3 Jahren und die Persönlichkeitsentwicklung bleibt „Lebensaufgabe": Katzen können uns mit ihrem Verhalten noch bis ins Seniorenalter überraschen. Wann das beginnt, läßt sich übrigens gar nicht so einfach festlegen. Manche Katze zeigt schon mit 8 Jahren deutliche Anzeichen von Behäbigkeit, andere spielen noch mit 13 den „Spring-ins-Feld". Aber egal, wie alt unsere Samtpfoten auch werden mögen: sie bleiben „Kinder". Mit kindlichen Wünschen nach Anregung und Zuwendung und mit kindlichen Spiel- und Schmusebedürfnissen. Ich wünsche Ihnen, daß Sie das viele, viele Jahre lang genießen können.

Anhang

Kontaktadressen

Verein Deutscher Katzenfreunde
Postfach 740924
22119 Hamburg
Tel.: 0 40/45 48 42

Erster Deutscher Edelkatzen-
Züchter-Verband e. V.
(1. DEKZV e.V.)
Berliner Straße 13
35614 Aßlar
Tel.: 0 64 41/84 79

Deutsche Rassekatzen-Union e. V.
(DRU e. V.)
Hauptstraße 56
56814 Landkern
Tel.: 0 26 53/62 07

Deutscher Tierschutzbund
Baumschulallee 15
53115 Bonn
Tel.: 02 28/65 10 05
Zentrales Haustierregister
Tel.: 02 28/69 77 01

Vereinigung der Katzenfreunde
Deutschlands
Deutscher Katzenschutzbund e. V.
Knesebeckstraße 38–48
10623 Berlin
Tel.: 0 30/7 45 50 82

Literaturhinweise

Behrend, Kathrin: Katzen richtig
pflegen und verstehen,
Gräfe & Unzer,
München 1994[7]

Gerber, Bärbel: Katzen,
FALKEN Verlag,
Niedernhausen 1994[4]

Kühl, Christian / Kauffmann, Detlef:
Die Tiersprechstunde,
Rasch und Röhrig,
Hamburg 1994

Leyhausen, Paul: Katzen – eine
Verhaltenskunde,
Blackwell Bln,
Berlin 1982[6]

Schmitt-Hausser, Gerd: Katzen,
Franckh-Kosmos,
Stuttgart 1991

Spangenberg, Rolf: Die Liebe
der Katzen,
BLV, München 1994

Turner, Dennis: Das sind Katzen,
Müller Rüschlikon, Cham 1989

Register

Register

Zum Thema „Katze" sind im FALKEN Verlag bereits erschienen:
„Die Katze in der Familie" (Nr. 1076)
„Katzenkrankheiten" (Nr. 1733)

Dieses Buch wurde auf chlorfrei gebleichtem und säurefreiem Papier gedruckt.

Die Deutsche Bibliothek – CIP-Einheitsaufnahme

Eilert-Overbeck, Brigitte:
Katzenkinder : Aufzucht, Pflege, Erziehung / Brigitte Eilert-Overbeck. –
Niedernhausen/Ts. : FALKEN, 1996
ISBN 3-8068-1737-5

ISBN 3 8068 1737 5

Umschlaggestaltung: Peter Udo Pinzer
Layout: David Barclay, Neu-Anspach
Redaktion: Petra Volkmar
Titelbild: Christine Steimer, Wölfersheim
Umschlagrückseite: Reinhard-Tierfoto, Heiligkreuzsteinach/Eiterbach
Fotos: Bildagentur IPO, Linsengericht/Altenhaßlau: S. 1, 12, 67, 77, 84, 88; **IBIS
Bildarchiv/Fischer-Nagel,** Bergisch-Gladbach: S. 2/3; **Reinhard-Tierfoto,**
Heiligkreuzsteinach/Eiterbach: S. 4, 18, 19, 22, 30, 50, 76; **Nils Reinhard,** Heiligkreuzsteinach/
Eiterbach: S. 59; **Christine Steimer,** Wölfersheim: S. 7–11, 14, 25–29, 34–47, 52–57, 60–65,
69–72, 83, 86, 87, 90, 92
Zeichnungen: Ute Kuhn, München: S. 20; alle übrigen Zeichnungen: Gerd Ohnesorge,
Halle/Saale

Satz: DM-SERVICE Mahncke & Pollmeier oHG, Rodgau
Druck: Druckhaus Cramer, Greven

817 2635 4453 6271